国家社会科学基金项目
"闽台祠神信仰同源性与文化认同研究"（17CMZ023）阶段性成果

双翼结构与
闽台祠神成神路径

庄恒恺　著

九 州 出 版 社
JIUZHOUPRESS｜全国百佳图书出版单位

图书在版编目（ＣＩＰ）数据

双翼结构与闽台祠神成神路径 / 庄恒恺著. -- 北京：
九州出版社，2019.9
ISBN 978-7-5108-8329-3

Ⅰ. ①双… Ⅱ. ①庄… Ⅲ. ①神－信仰－民间文化－
研究－福建、台湾 Ⅳ. ①B933

中国版本图书馆CIP数据核字(2019)第207965号

双翼结构与闽台祠神成神路径

作　　者	庄恒恺　著	
出版发行	九州出版社	
地　　址	北京市西城区阜外大街甲 35 号 (100037)	
发行电话	(010)68992190/3/5/6	
网　　址	www.jiuzhoupress.com	
电子信箱	jiuzhou@jiuzhoupress.com	
印　　刷	北京捷迅佳彩印刷有限公司	
开　　本	880毫米 ×1230毫米　32开	
印　　张	7.25	
字　　数	140千字	
版　　次	2019 年 9 月第 1 版	
印　　次	2019 年 9 月第 1 次印刷	
书　　号	ISBN 978-7-5108-8329-3	
定　　价	42.00 元	

内容提要

本书运用汪毅夫教授所提出的双翼结构理论工具，通过考察闽台祠神成神路径，归纳闽台民间造神的一般规律，丰富和发展闽台民间信仰和闽台区域社会研究。

本书分为五章，并附录论文二篇。

第一章为理论阐释，题为《双翼结构：民间信仰研究的范式创新》。闽台民间信仰是汪毅夫教授所重视的学术选题，其范式创新主要体现在三个方面。一、发掘闽台民间信仰的特征，提出理论创见。首先，提出双翼结构理论，即"美德故事与灵验传说、纪念性祭祀与诉求性祭祀、'崇德'与'报功'构成了民间信仰的双翼结构"；其次，阐释制度化宗教与民间信仰二者关系。二、运用科际整合视角研究闽台民间信仰。首先，精于考证；其次，重视区域研究的典型意义；最后，注重地方文献与史料拓展。三、重视学术研究的现实关照，对若干重要问题进行了论述，包括：辩证看待民间信仰的有害与有益因素；民间信仰和政治权力的关系；闽台两地民间信仰交流。

第二章至第五章为个案研究。

第二章，题为《由巫至神：妈祖与陈靖姑》。在闽台历史上，演变为祠神的巫觋为数不少，妈祖和陈靖姑是其中著名者。由巫至神之路，也是信民造神的过程。在这一过程中，灵验传说和美德故事起到了重要的作用。灵验传说的主要特点有：满足信众需要、神明功能多样、实现本土化。美德故事的特征是：攀附制度化宗教（包括佛教和道教）、用儒家传统伦理塑造神明形象。从信众编排的美德故事中，可以看出祠神信仰的道德取向。

第三章，题为《由人至神：广泽尊王郭忠福》。广泽尊王郭忠福是闽台及东南亚等地区颇具影响的祠神。本章采用跨学科的研究方法，从美德故事与灵验传说两方面，考察广泽尊王形象的构建过程，分析其从乡村"牧童"到成为广施恩泽之"尊王"历程中的若干重要因素。美德故事方面，信众通过三个方面的努力，将广泽尊王塑造成为一个"孝"的楷模，一个忠孝一体的神祇。包括：编排其娶妻生子的传说；编造其生前孝行和成神后的助孝行为；创立祭祀活动——八月祭墓。以地方保护神形象出现的广泽尊王，灵验传说主要体现在抵御寇盗、消除水旱等灾害和驱瘟除疫三个方面。广泽尊王信仰伴随移民的迁徙，传播到了移居地，成为维系移民群体的精神纽带。与闽台地区其他神明不同，自清以降，广泽尊王的神迹中就一直有"尤庇远人"和"瞬息千里"的特点。作为移民保护神，广泽尊王不仅在古代福建向外移民活动中发挥了作用，而且在现代移民中，仍然扮演着重要角色，成为一代又一代华人华侨的精神寄托，亦不断有新的灵验传说产生。

第四章，题为《由鬼至神：瘟神五帝信仰》。瘟神信仰是闽台祠神信仰的一种特殊形态。福建传统社会中最为重要的迎神赛会"出海"，即是每年夏末秋初，由福州城内五帝庙所举行的驱瘟活动。关于瘟神五帝的来历，既有论者认为其来自江南的五通、五显，亦有"五举子"说。五帝信仰在福州经历了本土化与正统化的过程。福州的五帝庙数量很多，官府将其视作淫祀，屡次打击但收效甚微。本章将通过爬梳方志、碑铭、笔记小说、口碑材料（包括传教士回忆录、话本小说、竹枝词、谚语、歌谣）等文献，分析五帝信仰的起源、五帝信仰本土化的过程、五帝信仰正统化的努力，探究其由散布瘟疫之鬼衍变为能够制服瘟疫之神的过程。

第五章，题为《由僧至神：佛教俗神崇拜》。制度化的宗教（如佛教、道教）与非制度化的民间信仰之间，既有区别，又有密切关系。本章通过梳理地方文献，以清水祖师和定光古佛为中心，考察福建地区佛教俗神的崇拜情况，说明制度化宗教与民间信仰融合的三种形式：其一，僧人是祠神的重要来源；其二，佛教俗神的功能世俗化；其三，僧人参与祠神信仰活动。

附录一，题为《双翼结构视域下的制度宗教世俗化——以汉化佛教若干现象为中心》。通过对观音应验传说、孝道理论与美德故事、佛教淫祀化的考察，论证汪毅夫教授解释民间信仰的双翼结构理论，同样适用于解释制度宗教的世俗化现象。

附录二，题为《从福建科举灵验传说看民间信仰的道德取向——以〈夷坚志〉为中心》。以宋人洪迈《夷坚志》为中心，考察福建科举灵验传说。这些传说大致包含两方面的因素，其一为因果报应，表现在不贪钱财得报、安葬亡者得报、救人性命得报等；其二为道德教化，例如教导读书人速葬亲人、不破坏他人姻缘等。可以看出，功利性虽是与科举有关的民间信仰的主要特点，但相关灵验传说亦反映了民间信仰的道德取向。

目录

附录二 从福建科举灵验传说看民间信仰的道德取向
　　　　——以《夷坚志》为中心

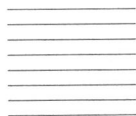

第一章

双翼结构
民间信仰研究的范式创新

习近平总书记在中国共产党第十九次全国代表大会上的报告中指出："两岸同胞是命运与共的骨肉兄弟，是血浓于水的一家人。我们秉持'两岸一家亲'理念，尊重台湾现有的社会制度和台湾同胞生活方式，愿意率先同台湾同胞分享大陆发展的机遇。我们将扩大两岸经济文化交流合作，实现互利互惠，逐步为台湾同胞在大陆学习、创业、就业、生活提供与大陆同胞同等的待遇，增进台湾同胞福祉。我们将推动两岸同胞共同弘扬中华文化，促进心灵契合。"[1]

　　福建和台湾是全国汉族地区民间信仰最为兴盛发达之地。民间信仰既是闽台地区社会生活的重要内容，也

---

[1]　习近平：《决胜全面建成小康社会 夺取新时代中国特色社会主义伟大胜利——在中国共产党第十九次全国代表大会上的报告（2017年10月18日）》，人民出版社，2017，第56—57页。

是闽台区域文化的重要组成部分。闽台民间信仰超越时空，为两岸同胞所认同。改革开放后，闽台民间信仰交流频繁，庙际关系热络，台湾同胞纷纷赴福建祖庙进香，祖庙主神亦不断应邀赴台巡游，是两岸交流中除经济贸易以外最为频繁的一种交往。闽台民间信仰具有重要的文化认同价值，不但有助于从信仰层面做好台湾人民的工作，遏制"台独"声浪、批驳"文化台独"谬论，而且有助于增进两岸民众的文化认同，有助于增进台湾同胞"中华民族一分子"的身份认同，增强台湾同胞的向心力，促进两岸同胞的心灵契合。

区域研究的兴起，是 20 世纪 80 年代以来我国人文社会科学研究转向的显著特征之一。学界不再拘泥于宏大叙事，转而通过个案性质的区域研究探寻一条能够呈现"整体历史"的道路。站在区域的立场观察地方社会的发展变迁状况时，包括民间信仰在内的民间风俗文化不失为深化区域社会史研究的重要切入点之一。从 20 世纪 80 年代末期开始，汪毅夫先生"从研究台湾近代文学开始，进而研究台湾文化、闽台文化、闽台社会，并把它作为自己重点研究的领域，执着地开垦拓荒、精耕细作，因而总能发现前人未曾发现过的史料，描述前人未曾描述过的历史细节，提出前人未曾提出过的看法"。①30多年来，汪先生笔耕不辍，共发表300多万字的学术著作，在闽台地方史、闽台关系史、地域人群、地方文献等诸多方面都取得了丰硕的成果。闽台民间信仰是汪毅夫先生所重视的学术选题，他在这一领域进行了持续的努力，受到学界的瞩目。汪先生关于闽台民间信仰研究的成果主要有一本专著②和十九篇论文③。此

---

① 见陈孔立教授为汪毅夫先生著《闽台地方史研究》（福建教育出版社，2008）所作的序，第1页。

② 专著为《客家民间信仰》，福建教育出版社，1995；水牛图书出版事业有限公司，2006。全书分为：引论；第一章，天、地、自然物崇拜；第二章，"客师"与客家巫术；第三章，鬼魂崇拜；第四章，客家住区的俗神和俗佛；后记（具体内容包括：客家民间信仰的总体特征；天公崇拜、伯公崇拜、自然物崇拜；占兆巫术、黑白巫术、民间禁忌；祖先崇拜、先贤崇拜、厉鬼崇拜；妈祖和莘七娘、三山国王和石固大王、定光古佛与伏虎禅师）。

③ 论文包括：《论台湾民间信仰的普化现象》《试论闽台傩文化的共同性》《略谈台湾民间的冥婚之俗》《台湾民间巫术信仰丛谈》（以上收入《台湾社会与文化》，海峡文艺出版社，1994）；《随意随俗的走向与闽台民间信仰的共同进步》《闽台民间的广泽尊王信仰》《"船仔妈"与闽台海上的水神信仰》《闽台民间的吕祖传说和吕祖信仰》《闽台雩祭丛谈》《金门：自然灾害的历史记录与民间信仰的特异情节》《南平樟湖集镇的民间信仰》（以上收入《中国文化与闽台社会》，海峡文艺出版社，1997）；《泉州民间的通远王信仰》《"崇德报功"与妈祖信仰的双翼结构》《"闽人佞鬼风俗"之分析》《签卜的文化观察》《傩：游戏与舞蹈》（以上收入《闽台历史社会与民俗文化》，鹭江出版社，2000）；《流动的庙宇与闽台海上的水神信仰》《从福建方志和笔记看民间信仰》（以上收入《闽台缘与闽南风》，福建教育出版社，2006）；《闽台冥婚旧俗之研究》（收入《闽台地方史研究》，福建教育出版社，2008；《闽台妇女史研究》，海风出版社，2011）。

外，他在与学界同行合著的《金门史稿》中辟有专章（第九章）论述福建金门的民间信仰，在《窗口随想录》《台湾竹枝词风物记》等论文中亦论及台湾现当代文学作品所反映的民间信仰现象。

通过考察汪先生对闽台民间信仰的研究，可以发现，其研究一方面涵盖了闽台民间信仰的主要事象，另一方面凝结了汪先生对于民间信仰研究路径的反思与探寻，充满破与立的张力。其范式创新主要体现在以下三个方面。

一、理论创见

在研究闽台民间信仰时，汪毅夫先生重视对民间信仰现象的论说，注意考察神祇的流变，这构成了他研究工作的基础。但他又不局限于此，而是深入追寻现象背后的本质，发掘闽台民间信仰的特征，提出不同于前人和他人的创见。

（一）提出双翼结构理论

汪先生认为："我们从闽台民间信仰看到的信民造神、信神和祭神三个层面上的实际情况是：信民并非仅仅对神明的灵验传说津津乐道，对神明的美德亦念念不忘，甚至有意编造和编排神明生前乃至死后的美德故事；信民并非仅仅相信神明有实利实用的功效，还服膺'人神共钦'的美德和'善有善报'的道理；信民祭神，并非尽出于'报其功'，间或也由于'思其德'。"[①] 在此基础上，汪先生提出了双翼结构理论："美德故事与灵验传说、纪念性祭祀与诉求性祭祀、'崇德'与'报功'构成了民间信仰的双翼结构。"[②] 双翼结构理论的提出，具有理论与现实两方面的意义。理论方面，在传统中国社会，官方出于维护自身统治的需要，常常将民间信仰认定为淫祠、淫祀，一个很重要的说辞即是民间信仰行为没有正统源流。而汪先生的双翼结构理论，为民间信仰活动确定了观念和行为之源——"崇德"与"报功"，

[①] 汪毅夫：《"崇德报功"与妈祖信仰的双翼结构》，载氏著：《闽台历史社会与民俗文化》，鹭江出版社，2000，第63页。

[②] 汪毅夫：《从福建方志和笔记看民间信仰》，载氏著：《闽台缘与闽南风》，福建教育出版社，2006，第171页。

使它与上古中国社会的祭祀本义相连接。现实方面，由于各种原因，在大陆学界以往的研究中，民间信仰常被等同于迷信，汪先生指出："纪念性祭祀跟诉求性祭祀是有区别的，不当将它视同迷信。"[①] 这提供了一个看待民间信仰问题的崭新视角，有利于挖掘民间信仰中的积极因素。

党的十九大报告指出："文化自信是一个国家、一个民族发展中更基本、更深沉、更持久的力量。"[②] 双翼结构理论的提出，充分展现了文化自信。习近平总书记在哲学社会科学工作座谈会上的讲话中强调："要按照立足中国、借鉴国外，挖掘历史、把握当代，关怀人类、面向未来的思路，着力构建中国特色哲学社会科学，在指导思想、学科体系、学术体系、话语体系等方面充分体现中国特色、中国风格、中国气派。"[③] 西方学者在研究中国社会的民间信仰时，常常出于文化偏见，或

① 汪毅夫：《"崇德报功"与妈祖信仰的双翼结构》，载氏著：《闽台历史社会与民俗文化》，鹭江出版社，2000，第72页。
② 习近平：《决胜全面建成小康社会 夺取新时代中国特色社会主义伟大胜利——在中国共产党第十九次全国代表大会上的报告（2017年10月18日）》，人民出版社，2017，第23页。
③ 习近平：《在哲学社会科学工作座谈会上的讲话（2016年5月17日）》，人民出版社，2016，第15页。

将其斥为迷信，或过度强调其工具性作用。[①] 而双翼结构理论秉持文化自觉与文化自信，肯定了民间信仰活动中纪念性祭祀、美德故事等因素的道德取向，展现了学术研究的中国气派。

（二）阐释制度化宗教与民间信仰二者关系

民间信仰具有世俗化的特点，汪先生曾经指出："民间信仰是世俗化的，因而其'神道设教'之种种说法和

[①] 张志刚教授曾论："那么，中国近现代思想史上所盛行的'排斥民间信仰或民间宗教'的理论倾向由何而来呢？如果追究起来，其始作俑者恐怕非明末清初来华的西方传教士莫属。例如，利玛窦的名著《中国札记》里，虽然有一章里题为'中国人的各个宗教派别'，可他却在勾勒中国宗教的整体状况时，不仅只是评判'儒释道'，特别是贬损佛教和道教，把'三教合一'蔑视为'中国人的全部迷信'，而且竟然以为，遍及中国民间社会的其他所有的信仰现象全都不值得一提。这种偏颇的西方宗教观，的确可谓强烈排斥中国本土民间信仰的理论雏形！又如，艾儒略、孟儒望、马若瑟、沙守信、郭纳爵、冯秉正、陆铭恩等同时期或稍后的传教士们，尽管大量提及中国民间信仰现象，但他们与利玛窦同出一辙，同样偏执西方宗教观的强烈排斥态度，极尽贬低中国民间信仰之能事，在他们留下的大量言论中，几乎可以追查到近现代海内外研究者用于中国民间信仰或民间宗教的所有负面评价的最早版本！"见张志刚：《"中国民间信仰研究"反思——从田野调查、学术症结到理论重建》，《学术月刊》2016年第11期，第5—24页。

做法往往具有拟人化和随意性的特点。"[①] 他并以《林
宾日日记》所记"主疹"之神"潘氏夫人"、近人陈鑑
修《龙溪新志初稿》所记"水仙姑"故事说明之。[②] 与
此相对的，是宗教在总体上具有制度化的倾向。同时，
汪先生也提出："宗教制度化、民间信仰世俗化的倾向
是总体而言的倾向。在某些具体个案上，宗教不免世俗
化的倾向、民间信仰亦有制度化的倾向。"[③] 例如，客
家住区的定光古佛，以其世俗化程度过限而成为民间信
仰的"俗佛"——"定光古佛是客家人为适应山区农耕
社会之种种需求（风调雨顺、水源充沛、劳力充足、
无灾无祸）而创造出来的不僧不俗、亦僧亦俗、不佛不
神、亦佛亦神的崇拜对象"。[④] 而保生大帝信仰在形成
和发展过程中逐渐接近和接受道教的影响、逐渐趋于制
度化。[⑤] 此外，汪先生还注意到了其他类似现象，如《归

---

① 汪毅夫：《从福建方志和笔记看民间信仰》，载氏著：《闽台缘与闽
南风》，福建教育出版社，2006，第156页。

② 汪毅夫：《从福建方志和笔记看民间信仰》，载氏著：《闽台缘与闽
南风》，福建教育出版社，2006，第156—157页。

③ 汪毅夫：《从福建方志和笔记看民间信仰》，载氏著：《闽台缘与闽
南风》，福建教育出版社，2006，第159页。

④ 汪毅夫：《客家民间信仰》，福建教育出版社，1995，第162页。

⑤ 汪毅夫：《从福建方志和笔记看民间信仰》，载氏著：《闽台缘与闽
南风》，福建教育出版社，2006，第160—161页。

化县志》《宁化县志》《清流县志》所记寺观内神像、佛像和"亲像"（祖先之像）杂陈、僧道合流、佛教世俗化等情况，[1] 又如，在厦门南普陀寺放生池的碑文中有"菩萨降鸾"之语，[2] 等等。因此，汪先生认为："世俗化同制度化异向而非逆向，两种倾向可以发生交叉和互动。"[3] 这一认识亦深具现实意义。第一，目前，在我国绝大部分地区，政府有关部门管理与服务的对象主要还是五大宗教[4]，对民间信仰的引导与管理工作还在探索中。在现行政策没有改变的情况下，如何发挥制度化宗教对民间信仰的整合功能，解决民间信仰管理中民间信仰活动场所登记注册等现实问题、满足信众的信仰需要，值得进一步深入思考。第二，从宗教生态的角度而言，民间信仰的世俗、本土等特性，满足了绝大部分中国人的信仰需要，有利于平衡制度化宗教的发展。在民间信仰发达的地区，少有制度化宗教过度膨胀的情况，更少见某一种制度化宗教独大。

---

① 汪毅夫：《客家民间信仰》，福建教育出版社，1995，第2—4页。

② 汪毅夫：《闽南碑刻札记》，载氏著：《闽台缘与闽南风》，福建教育出版社，2006，第241—242页。

③ 汪毅夫：《从福建方志和笔记看民间信仰》，载氏著：《闽台缘与闽南风》，福建教育出版社，2006，第161页。

④ 即佛教、道教、天主教、基督教（新教）、伊斯兰教。

二、科际整合

跨学科不仅是方法上的启示，还能揭示多维视野中时间与空间的相互作用，以及历史和现实之间的深刻联系。汪毅夫先生在《台湾社会与文化》《客家民间信仰》两本著作中都曾谈及中文（国文）系（所）出身的学者向史学界学者请益的必要性。其实，在文学与历史两个学科之外，他在分析研究对象与阐述观点时，还善于综合运用人类学、社会学等方法。汪先生在运用科际整合视角研究闽台民间信仰的过程中，展现了如下三个特点。

（一）精于考证

毋庸讳言，闽台民间信仰研究领域存在着低水平重复的问题，突出表现在一些研究者将传说当作史实，并且陈陈相因。汪先生善于运用考据的方法，纠正了若干错误的说法，并对一些民间信仰现象给出了自己的解释。试举三例。

例一，他利用《明清进士题名碑录》，确证了明代叶向高的科年，揭穿了一则与九鲤湖鲤仙庙相关的灵验传说：

> （高贤治、张祖基《客家旧礼俗》记有）叶台山求梦的故事。明代的叶台山在发迹前曾到九鲤湖鲤仙庙求梦。神仙在梦中对他说："富贵无心想，功名两不成。"叶台山以为是不吉之兆。及戊戌之年，叶台山中为进士、位居宰相，方悟应了梦中之兆："无心想"即无心之想，相也；"两不成"，戊戌二字皆非"成"字，故云。
>
> 叶台山（1559—1627），名向高，字进卿。福建福清人，明万历进士，选庶吉士。神宗朝、光宗朝曾两度为相。据《明清进士题名碑录》（上海古籍出版社1980年版），叶台山为明万历十一年癸未科进士，其科年为癸未而非戊戌。①

例二，他指出了闽台两位妇婴保护神的异同："和临水夫人一样，注生娘娘亦是闽、台两地的妇婴保护神。但注生娘娘的'诞辰'是三月二十日，临水夫人的'诞

---

① 汪毅夫：《客家民间信仰》，福建教育出版社，1995，第69—70页。

辰'为正月十五日。近年常见有民俗学著作将两者混同为一。"①

例三，与福建内河水神势力（影响力）的平面划分不同，在闽台海上诸神中，妈祖居于上位。这是为何？汪先生解释道："福建内河水神势力（影响力）范围的划分有可以标识的自然物为界。在闽台海上，四望唯水，茫无畔岸，水神的势力或影响力所及，无法实现由此及彼的平面划分，却易于形成自上而下的立体谱系。妈祖同水上诸神的关系因河、海而异，其原因盖在于此。"②

诚然，以上这些问题都是具体的，但学术的进步又的确需要这样点滴的工作来推动。

（二）重视区域研究的典型意义

陈春声教授曾论："学术史一再证明，最有价值的作品往往不是那些高谈宏论，而是可能一开始会被看不起的所谓'微观'的研究……年鉴学派主张研究'整体

---

① 汪毅夫：《从闽南方言俗语看闽台婚姻旧俗——〈闽南话漳腔辞典〉札记》，载氏著：《闽台地方史研究》，福建教育出版社，2008，第76页。
② 汪毅夫：《流动的庙宇与闽台海上的水神信仰》，载氏著：《闽台缘与闽南风》，福建教育出版社，2006，第150页。

历史'，但其代表性的著作绝大多数是区域性或专题性的研究。"① 田野调查是区域研究中非常重要的工作。汪毅夫先生长于运用文化人类学的方法，书斋和田野都是他治学的好所在。

先以《客家民间信仰》一书为例。早在闽西客家住区插队务农时，汪先生便开始进行初步的田野工作。他曾记曰："1969年3月至1974年12月，我在闽西客家住区插队务农。客家人淳朴善良的民风、生动有趣的民俗深深打动了我的心。在将近六年的农耕生活里，我有机会就近观察，从中体察客家文化外在、内在之种种情形。那时，我开始了一些初步的研究：采集口碑资料、查看墓葬碑刻、记录方言词语，还曾就疑难问题写信向当时也在闽西客家住区居住的蔡厚示先生请教。1982年以来，我先后五次到闽西客家住区，又访得不少文字和口碑材料。"② 扎实的田野工作，为汪先生写作《客家民间信仰》奠定了基础。在该书中，处处可见他进行田野工作的记录，兹举三例如下：

1. 在论及客家住区的伯公（"伯公"即土地神）崇

① 陈春声：《中国社会史研究必须重视田野调查》，《历史研究》1993年第2期，第11—12页。
② 汪毅夫：《客家民间信仰》，福建教育出版社，1995，第167页。

拜时,汪先生记曰:"我在上杭县插队务农期间,曾在多处见有这种指认自然物为'伯公'的情况。例如,我所在的生产队在村外十余里的山窝(其地名'鸡晓窝')里有几亩水田,田边石头前有焚香祭拜的痕迹。这石头乃是'保禾苗'的'石头伯公'。1993年,我在永定县凤凰山见一松树挂有红布,树下有人焚香祭拜。当地人告诉我,他们祭拜的是'树神伯公'。"①

2.在述及客家住区的自然物崇拜时,汪先生记曰:"据笔者闻见所及,上杭紫金山麒麟殿的'摸子石'、武平中山三圣堂的'出米石'、清流长校的北邙古杉、长汀城关的苏铁古树等,也是当地客家民间崇拜的对象。"②

3.在论及客家住区的"打平伙"之俗时,汪先生写道:"我在闽西客家住区曾多次参加'打平伙'之宴,其喜洋洋,其乐融融。有几个细节给我很深的印象:其一,为了平均分配肉食,掌厨者在厨下已按参加者人数的公倍数来大块切肉;其二,席上,不分长幼尊卑,同时举箸、同时举杯;其三,各人自带一只小碗,每次挟起的

---

① 汪毅夫:《客家民间信仰》,福建教育出版社,1995,第42页。
② 汪毅夫:《客家民间信仰》,福建教育出版社,1995,第53页。

肉食都可以放置碗中，宴毕端回家中孝敬老人、让妻子儿女分享；其四，我参加的一次'打平伙'，资费剩余二分钱，主持者即持币购买了一盒火柴，然后将火柴棒平均分配给参加者。我想，古之社日会饮的情景大抵有如客家住区今日尚存的'打平伙'。这一习俗很能表现客家人友好、善良、淳朴的品质。"①

田野调查，为汪毅夫先生提供了丰富的典型例证，使他可以依据新的经验修正已有的研究范式，进而进行理论创新。正是在详尽的田野调查基础上，汪毅夫先生对客家民间信仰的特殊性与普遍性问题给出了合乎学理的解释。先看客家民间信仰的特殊性。汪先生以闽南地区、闽南人的民间信仰作为参照系，归纳出如下三点：

1. 在祖先崇拜方面，闽南人注重近亲祖先而客家人注重远古祖先，由此又有两个民系在祭祖认亲活动方面各不相同的分支、辨异与融合、认同的倾向。此外，还有一种祖先崇拜现象也反映了客家民间信仰的兼容性。套用"老吾老以及人之老，幼吾幼以及人之幼"的话来说，汪先生将这种现象称为"祖吾祖以及人之祖"

---

① 汪毅夫：《客家民间信仰》，福建教育出版社，1995，第46—47页。

的现象。

2. 在天地崇拜和自然物崇拜方面，闽、客之间至少有两项差异——首先，客家民间以天公炉代表天公，闽南民间则兼用天公炉和天公灯代表天公；其次，客家住区常见指认某株树木为"伯公树"和"树神伯公"，将自然物崇拜同土地神崇拜混杂起来的情况。这种客家住区常见的情况却几乎不见于闽南地区。这两项差异说明客家民间信仰更多地保留了传统的成分。

3. 在神明崇拜方面，客家住区祭祀名宦、乡贤的祠庙几乎随处可见，但财神庙却很少。在闽南香火特盛的关帝常被用如财神，客家住区却罕见有将关帝用如财神的做法。此外，客家民间的神明崇拜表现了客家人不堪战乱之苦的心态和祈求和平的善良愿望。某些神明在其他地区具有"助战"的功能，在客家住区却丧失这种功能。[①]

再看客家民间信仰的普遍性。中国传统社会多元一统的结构，使客家民间信仰也具有中国民间信仰的一般特征。汪先生指出："客家民间信仰也具有中国民间信仰的共同性：不同宗教的混杂、宗教活动同生

---

① 汪毅夫：《客家民间信仰》，福建教育出版社，1995，第10—18页。

活习俗的混杂、宗教文化同非宗教文化的混杂，以及由此构成的泛神泛灵、随意随俗的天地崇拜、自然物崇拜、巫术信仰、祖先崇拜、鬼魂崇拜和神明崇拜的混杂。"①

　　汪先生在其后的研究工作中仍然重视田野调查。例如，他在南安等地做田野调查，访得了广泽尊王郭忠福的民间口碑材料，②并在写作《闽台民间的广泽尊王信仰》一文中使用。又如，他1995年暑期在闽北做田野调查，写成《南平樟湖集镇的民间信仰》一文。这篇论文记录了蛇王、临水夫人、齐天大圣等当地鲜活的民间信仰现象，从中可以看出民间信仰的若干特点。试举三例。其一："三圣尊王庙主祀陈公、卢公、铁公三神，陈公为文神，卢公和铁公为武神，其中卢公并且是赌博之神，赌徒常往求之。"③赌徒求神，反映了民间信仰的随意随俗与功利化。其二："樟湖集镇四周田苗间或有'潘倪王'的象征物，砌石粗凿而成，状若小屋。据

---

①　汪毅夫：《客家民间信仰》，福建教育出版社，1995，第2页。

②　汪毅夫：《闽台民间的广泽尊王信仰》，载氏著：《中国文化与闽台社会》，海峡文艺出版社，1997，第100页。

③　汪毅夫：《南平樟湖集镇的民间信仰》，载氏著：《中国文化与闽台社会》，海峡文艺出版社，1997，第151页。

当地居民报告，'潘倪王'（当地居民读如'潘儿王'）为三个养蜂人，他们曾放蜂驱寇而立功。在田亩间砌石祭祀，有纪念潘、倪、王三人的意义，又有保护禾苗免受野兽践踏的功用。"①"潘倪王"由人而神的过程，说明了具有美德传说的本土百姓，是民间信仰神祇的重要来源。其三："樟湖集镇各庙宇几乎都备有'惊堂鼓'（聚灵庵除备有'惊堂鼓'外，还有'惊堂钟'），香客进得庙门，先击鼓五下（也有庙祝代击的做法），焚香祭拜后退出，又击鼓五下。庙门之旁设'惊堂鼓'，击鼓升堂、击鼓退堂。这使得庙宇多少有了官府衙门的威严。有的庙宇如福庆堂、进兴宫还仿照官府衙门，延'师爷'入于幕中。"②此处所记庙宇设置成官府衙门等情形，反映了民间信仰对社会等级的模仿，是民间信仰世俗化特征的重要体现。

---

① 汪毅夫：《南平樟湖集镇的民间信仰》，载氏著：《中国文化与闽台社会》，海峡文艺出版社，1997，第151—152页。
② 汪毅夫：《南平樟湖集镇的民间信仰》，载氏著：《中国文化与闽台社会》，海峡文艺出版社，1997，第154—155页。

（三）注重地方文献与史料拓展

傅斯年在《历史语言研究所工作之旨趣》一文中云："凡一种学问能扩张他所研究的材料便进步，不能的便退步。"[①] 在以政治史为主的传统史学中，学者主要依靠的史料是官修史书，即所谓的"正史"。邓之诚在《中华二千年史》的叙录中就认为："正史据官书，其出入微，野史据所闻，其出入大；正史讳尊亲，野史挟恩怨。讳尊亲不过有书有不书，挟恩怨则无所不至矣。"[②] 此语略显绝对。事实上，正史不仅存在"有书有不书"的问题，而且时有篡改、伪造和粉饰，出入很大。[③] 此外，官修文书因体例等问题，记载的内容亦不能涵盖中国传统社会生活的各个方面。具体就民间信仰研究而言，传世文献中关于民间信仰的记载和论说是凌乱分散的，与这一信仰在中国传统社会中的地位不相符合。这一客观情况，要求民间信仰的研究者在研究中要能够拓展史料，

---

① 傅斯年：《历史语言研究所工作之旨趣》，载《傅斯年全集》第 3 卷，湖南教育出版社，2003，第 6 页。

② 邓之诚：《中华二千年史》，东方出版社，2013，第 4 页。

③ 齐世荣：《略说文字史料的两类：官府文书和私家记载》，《历史教学问题》2013 年第 2 期，第 4—15 页。

并对史料加以梳理。

仍以《客家民间信仰》为例。汪毅夫先生在该书中，使用了丰富的文献材料，包括如下四种：1.方志。如：正德《归化县志》、康熙《宁化县志》、道光和民国《清流县志》、民国《长汀县志》、南宋《临汀志》、乾隆《泉州府志》、康熙和民国《武平县志》、民国《大埔县志》、南宋《仙溪志》、明代《八闽通志》。2.笔记诗文。如：《闽杂记》《美女峰》《燕京岁时记》《临汀汇考》《舆地纪胜》《夷坚志》《海音诗》《搜神记》《闽小记》《中华全国风俗志》《登铜锣山瞻武侯祠怀古》。3.碑刻。如：《岑江施氏重修家庙碑》《定光大师来岩事迹》《显应庙序》《修造元妙观神像碑记》《重修元妙观碑》《重建渔沧庙记》《新建归化县庙学碑记》。4.口碑材料。如：《长汀文史资料》《清流文史资料》《连城文史资料》《永定文史资料》《明溪文史资料》《宁化文史资料》。此外，他亦征引了小说（如凌濛初的《二刻拍案惊奇》与台湾作家肖郎的《上白礁》）、若干寺庙的签诗、民间谣谚和咒语，等等。

对于过眼的海量地方文献，汪毅夫先生不是简单地摘取其中的内容作为"资料"使用，而是在盘根错节中抽丝剥茧，尽可能地还原客家民间信仰的历史现场。[①]
兹举二例如下：1. 他引用方志论证客家民间信仰具有与
制度化宗教混杂的特点。如：康熙《宁化县志》记有僧
人混迹于道观的情形（"宁之道流固不炽，其以观以堂
名者，间皆僧居之"）；1993 年版《上杭县志》记有
僧道合流和佛教世俗化的情况——"民间丧葬仪式，常
请七僧八道（和尚、尼姑 7 人，道士 8 人），设坛诵经，
超度亡魂。僧尼除在寺院庵堂进行各种节日、斋期法会
外，也参与民间迎神打醮和丧葬诵经、超度等活动。个
别寺殿还仿效多神庵庙设签筒于香案，供人问卜吉凶，
以获取檀越施舍"。[②]2. 他引用地方文献，论证妈祖的
功能在客家住区不断得到改造和追加：首先，以永定西

[①]　陈支平教授指出：近 40 年来，运用民间文献从事中国历史与文化史
研究所取得的成果是毋庸置疑的，民间文献的搜集整理与学术研究因而也
得到中国历史学界的高度重视，但是值得引起我们注意的是，在这一重视
的过程中，似乎出现了某些无限拔高和滥用史料的偏颇现象。这其中最为
突出的问题，是在运用民间文献时所掺杂的情感因素，以及学术研究的雷
同化和碎片化倾向。在这样的文化思维语境之下，我们应该对运用民间文
献研究历史与文化的过程中所出现的这种无限拔高和滥用史料的偏颇现
象，进行必要的反思。见陈支平、赵庆华：《中国历史与文化研究中民间
文献使用问题反思》，《云南师范大学学报（哲学社会科学版）》2018 年
第 4 期，第 134—139 页。

[②]　汪毅夫：《客家民间信仰》，福建教育出版社，1995，第 3—4 页。

陂天后宫内的诗句证明，在妈祖信仰初入客家住区的宋代，妈祖主"航海安全"的功能首先被改造成主"航运安全"，妈祖不仅是海神，而且是"四海江湖著大功"的江海河湖之神了；其次，以武平县武东乡太平山顶天妃庙的建庙传说、楹联和诗签内容证明，在某些无舟楫之利和舟楫之险的山区，妈祖的海神或江海河湖之神的功能则不被看重、甚至被完全解除；最后，在客家住区有关妈祖的传说里，罕见妈祖在客家住区显灵助战或御贼的记录。质言之，妈祖"助战"和"御贼"的功能在客家住区也几乎消失。①

汪毅夫先生在引用史料时，从不随意堆砌，而是注意做到语言的凝练雅致。例如，在论及客家住区的俗佛——定光古佛时，他写道："自严生前，人称'和尚翁'，亲之也；灭度，则皆曰'圣翁'，尊之也。1075 年，诏赐号'定应'；1104 年，加号'定光圆应'；1133 年，嘉'普通'二字；1167 年，又嘉'慈济'；1240 年，有旨赐额曰：'定光院'，又赐八字封号，内易一'圣'字，称'定光圆应普慈通圣大师'。"② 仅用百余字，

---

① 汪毅夫：《客家民间信仰》，福建教育出版社，1995，第140—141 页。
② 汪毅夫：《客家民间信仰》，福建教育出版社，1995，第 156 页。

就准确地说清了定光古佛的基本情况。

　　"以边缘的资料支撑边缘问题研究，思维之光照射着一片朦胧的未知领域，必然催生出前沿的学术成果。"[①] 以边缘资料进行研究是汪先生治学的一贯风格。《从福建方志和笔记看民间信仰》是他研究闽台民间信仰的一篇重要论文，从文题即可看出他选择史料的眼光。在研究中，他特别注意运用地方志、笔记小说、寺观宫庙志、宗教碑铭、日记族谱等史料解决学术问题。例如，在西方汉学界，"淫祀"的定义不下十种。[②] 汪先生则利用福建现存最早的方志之一——南宋宝祐《仙溪志》，对"淫祀"下了简洁、准确的定义："（《仙溪志》）所记'祠庙'均'载在祀典'，'其不在祀典者不书'。质言之，'祠庙'又有'载在祀典'与'不在祀典'之分。'不在祀典'的民间信仰及其活动场所时或被视为'淫祀'和'淫祠'。"[③] 又如，焚巫祈雨是古代农业社会的常见现象，而汪先生通过考察方志和民间口碑材料，找出

[①]　汪毅夫：《客家研究新范式——评刘大可著〈中心与边缘：客家民众的生活世界〉》，《学术评论》2013 年第 1 期，第 63—64 页。

[②]　（美）康笑菲著：《说狐》，姚政志译，浙江大学出版社，2011，第 4 页。

[③]　汪毅夫：《从福建方志和笔记看民间信仰》，载氏著：《闽台缘与闽南风》，福建教育出版社，2006，第 165—166 页。

了三例积薪危坐的雩祭，^①说明了焚僧祈雨是焚巫祈雨在福建地区的变异形式。需要指出的是，在注意边缘史料的同时，汪先生同样重视古代经典文献和王朝典章制度。仅在《客家民间信仰》一书中，直接引用的传世文献就有：《左传》《礼记》《史记》《汉书》《晋书》《宋书》，以及《淮南子》《说文》《文选》，等等；引用的制度化宗教的经典，则有道教《太平经》，佛教《菩萨藏经》《大宝积经》，等等。汪先生亦常将传世文献与边缘史料两相对照，互相发明。而且，他对边缘史料也是辨析使用的。例如，《长汀文史资料》曾载文，记录河田乡无垢寺有洋人泥塑神龛，缘由是乡人为纪念突发重病不治的洋人。但汪先生却认为："河田乡人并非为了'纪念'，而是出于'鬼无归则为厉'的观念，出于对客死河田的洋人鬼魂的畏惧，乃塑造和奉祀洋人偶像的。"^②

---

① 分别是：《闽都别记》第 54 回记游僧义收自焚祈雨的故事，《临汀志》记伏虎禅师与僧彦圆自焚祈雨事。见汪毅夫：《闽台雩祭丛谈》，载氏著：《中国文化与闽台社会》，海峡文艺出版社，1997，第 135—137 页。另，汪先生注意到林国平教授的观点，即"《闽都别记》第 54 回中的僧义收焚躯祈雨的故事，实际上就是取材于伏虎大师祈雨的故事"。见汪毅夫：《客家民间信仰》，福建教育出版社，1995，第 158 页。

② 汪毅夫：《客家民间信仰》，福建教育出版社，1995，第 7—8 页。

三、现实关照

民间信仰是具有现实性的学术问题。福建地区自古有"好巫尚鬼"的传统，民间信仰十分发达。改革开放以来，民间信仰更呈现出复兴的趋势。据丁荷生的调查与估计，截至 1992 年，福建全省重修的民间信仰场所达三万座，每个县都有三百到一千左右的民间信仰场所被修复。[①] 20 多年过去了，现在的数据当远多于此。近年来，台湾乡亲到大陆祖庙进香、参与神诞祭奠、演戏酬神，表现了认同祖国大陆、认同中华文化的倾向，密切了两岸关系。民间信仰是闽台民众生活的一部分，如何正确对待民间信仰问题，关乎社会稳定。汪毅夫先生一贯重视学术研究的现实关照，对若干重要问题进行了论述。

---

① Kenneth Dean, *Taoism and popular cults in Southeast China*, Princeton University Press, 1993:p.8.

（一）辩证看待民间信仰的有害与有益因素

民间信仰（包括闽台民间信仰）泛神泛灵、随意随俗的普化现象，有时会受到出于"制度化宗教"立场的批评和扼制。历史上各地发生过的毁"淫祠"、禁"淫祀"的活动，有的就是出于对民间信仰的批评，就是对民间信仰的扼制。在日据时代的台湾，日本侵略者当局曾经以台湾民间信仰的普化现象为口实，发起了摧残台湾民间信仰的"寺庙神升天运动"。① 汪毅夫先生认为：民间信仰实质上乃是一种"在宗教影响和推动下形成的多层多向的文化"。作为制度化宗教向各个方面、各个层面辐射的产物，作为同制度化宗教并存的普化宗教，民间信仰自有其存在的理由。用制度化宗教的标准来批评民间信仰（包括客家民间信仰）是不公道的。② 并且指出："民间信仰的世俗化倾向及其'祀神的混乱'和'神道设教'的拟人化和随意性的特点并不足诟病。应该受到批评指摘的是它的有害因素，是它的某些不正当

---

① 汪毅夫：《客家民间信仰》，福建教育出版社，1995，第18—19页。
② 汪毅夫：《客家民间信仰》，福建教育出版社，1995，第20页。

的说法和做法，其有益因素则不当牵累及之。"①

例如，厉鬼瘟神信仰是闽台地区重要的民间信仰事象。在先前的研究中，论者多对厉鬼瘟神信仰持负面的看法，认为信民对于此种信仰对象的态度只是单纯的畏惧与憎恶，甚至用此观点解释祖先崇拜。但是汪先生认为，客家民间信仰表现出以恩以情来同化厉鬼、使不散瘟为厉的信念，表现出情感上从威到恩的转变。他以"莘七娘"为例指出："七娘庙"的初创完全是信民出于对"厉鬼"的同情，"七娘"作为"厉鬼"，在"绝祀"而无所归依的"二百年"间，并不曾散瘟为厉，保持了"良家女"的面目，人们亦"敬而祀之"，使其从病殁的厉鬼、无祀的孤魂升格成御寇助战、保境安民的神明。②

又如，闽台两地的"王爷"信仰。一方面，"王船祭"（俗称"出海""送王船"等）包含了"贻祸于人"的可鄙意念，这是其有害因素；但另一方面，在台湾云林县等地的民间传说里，"王爷"被赋予了"解冤息仇"，即社会调解的功能，此即为其有益因素。汪先生的结论是："显然，我们不应当因为民间信仰的有益因素而容

① 汪毅夫：《从福建方志和笔记看民间信仰》，载氏著：《闽台缘与闽南风》，福建教育出版社，2006，第163—164页。
② 汪毅夫：《客家民间信仰》，福建教育出版社，1995，第131页。

忍民间信仰的有害因素……反之，我们也不能因为民间信仰的有害因素而不容民间信仰的有益因素。"① 民间信仰是民众日常生活中难以分割的元素，汪先生的论断有助于党和政府正确引导民间信仰活动，使其在实现中华民族伟大复兴的中国梦的历史进程中发挥积极作用。

（二）民间信仰和政治权力的关系

汪毅夫先生在《客家民间信仰》"引论"部分对民间信仰如是评价道：

> 中国的民间信仰（包括客家民间信仰）所包含的慎终追远、惩恶扬善、忠孝信义、慈悲怜悯等合理的内核，使得民间信仰本身在扮演教育社会成员的"教育者"、强化社会结合的"社会看守人"方面像模像样地进入了角色。当异族入侵之时其作用尤为显著，日据时期台湾民间信仰所发生的反抗意义即其明证。近年来海

---

① 汪毅夫：《从福建方志和笔记看民间信仰》，载氏著：《闽台缘与闽南风》，福建教育出版社，2006，第164—165页。

峡两岸人民在宗教文化、宗族文化层面上的沟通，得力于民间信仰（包括客家民间信仰）者甚多。客家人在长期的迁徙、拓殖、发展过程中，客家民间信仰所发生的良好作用也是人所共见的。我们应当确认中国民间信仰（包括客家民间信仰）存在的合理性。同时，我们应该明确认识引导民间信仰的必要性。中国民间信仰（包括客家民间信仰）毕竟属于下位层次的文化，毕竟包含有某些迷信、荒诞、落后的因素和某些应当革除的陋俗。过分的看重和过多的借助，片面的肯定和片面的鼓励都是不适宜的。不断地引导民间信仰上于进步之路，不断地识别和剔除民间信仰所包含的糟粕，也是一项不可或缺的工作。[①]

这一评价真乃不刊之论！自古以来，民间信仰经常被官方压制、禁止。十一届三中全会以来，党的宗教政策得以落实，但由于缺乏相关知识，一些基层干部仍将民间信仰视作"封建迷信"。汪先生考察了方志中所记

[①]　汪毅夫：《客家民间信仰》，福建教育出版社，1995，第21—22页。

宋代福建地方官毁禁淫祠的个案，并论曰："自宋代以降，类似的事件不胜枚举。然而于今视之，当年官方毁淫祠的动作仅收一时之效。"① 毛泽东同志早在1927年3月写就的《湖南农民运动考察报告》中已经指出："菩萨是农民立起来的，到了一定时期农民会用他们自己的双手丢开这些菩萨，无须旁人过早地代庖丢菩萨。共产党对于这些东西的宣传政策应当是：'引而不发，跃如也。'菩萨要农民自己去丢，烈女祠、节孝坊要农民自己去摧毁，别人代庖是不对的。"② 汪毅夫先生认为："历史证明，没有尊重健康民俗的前提和群众自愿的基础，不由群众自己来进行，官方毁淫祠的动作往往归于徒劳。"③ 他在深入研究基础上所提出的这一观点，无疑具有重要的现实意义。

---

① 汪毅夫：《从福建方志和笔记看民间信仰》，载氏著：《闽台缘与闽南风》，福建教育出版社，2006，第166—168页。

② 毛泽东：《毛泽东选集》第1卷，人民出版社，1991，第33页。

③ 汪毅夫：《从福建方志和笔记看民间信仰》，载氏著：《闽台缘与闽南风》，福建教育出版社，2006，第168页。又，关于客观处理官方主流文化与民间文化的关系，徐姗娜博士有专论，见徐姗娜：《优孟在野》，人民出版社，2011，第184—190页；并见庄恒恺：《探寻"小传统"的当代价值——徐姗娜著〈优孟在野〉评介》，《宁德师范学院学报（哲学社会科学版）》2015年第3期，第76—78页。

（三）闽台两地民间信仰交流

习近平总书记在《告台湾同胞书》发表 40 周年纪念会上的讲话中指出："实现同胞心灵契合，增进和平统一认同。国家之魂，文以化之，文以铸之。两岸同胞同根同源、同文同种，中华文化是两岸同胞心灵的根脉和归属。人之相交，贵在知心。不管遭遇多少干扰阻碍，两岸同胞交流合作不能停、不能断、不能少。"[1] 闽台两地的民间信仰有着先天的紧密联系，不仅是两岸同胞同根同源、同文同种的重要表现，而且在海峡两岸民众交流中起着重要的纽带作用。汪先生认为，应该利用民间信仰随意随俗的走向来引导民间信仰，在更高水平上推动这种交流。早在 20 世纪 90 年代中期，他就指出："近年来闽、台两地在民间信仰层面上的交流呈现为频繁而广泛的情形。我想，利用民间信仰随意随俗的走向来引导闽、台民间信仰上于共同进步之路，这也应当进

---

[1] 习近平：《为实现民族伟大复兴 推进祖国和平统一而共同奋斗——在〈告台湾同胞书〉发表 40 周年纪念会上的讲话（2019 年 1 月 2 日）》，人民出版社，2019，第 10 页。

入交流的节目表。"①20 余年来，海峡两岸交流日趋频繁，民间信仰对于加强两岸双方的交流、增进两岸人民相互了解，已经并将继续发挥重要作用。现实，准确验证了汪先生的预见。

四、结语

毛泽东同志说过："我们这个民族有数千年的历史，有它的特点，有它的许多珍贵品。对于这些，我们还是小学生。今天的中国是历史的中国的一个发展；我们是马克思主义的历史主义者，我们不应当割断历史。"②习近平总书记指出："中华民族有着深厚文化传统，形成了富有特色的思想体系，体现了中国人几千年来积累的知识智慧和理性思辨。这是我国的独特优势。"③

---

① 汪毅夫：《随意随俗的走向与闽台民间信仰的共同进步》，载氏著：《中国文化与闽台社会》，海峡文艺出版社，1997，第 95 页。
② 毛泽东：《毛泽东选集》第 2 卷，人民出版社，1991，第 533—534 页。
③ 习近平：《在哲学社会科学工作座谈会上的讲话（2016 年 5 月 17 日）》，人民出版社，2016，第 17 页。

在中国当代社会文化中，存在着大量我们民族所特有的传统文化形态。借用美国人类学家罗伯特·芮德菲尔德（Robert Redfield）的理论，可以用"小传统"与"大传统"来分别解释大众文化与精英文化这两种不同层次的文化传统。[①] 从这一概念出发，中国传统基层社会长期存在的大量文化现象，如民间信仰、民间戏曲等，均可纳入"小传统"的研究范畴。费孝通先生曾论："中华民族作为一个自觉的民族实体……它的主流是由许许多多分散孤立存在的民族单位，经过接触、混杂、联结和融合，同时也有分裂和消亡，形成一个你来我去、我来你去，我中有你、你中有我，而又各具个性的多元统一体。"[②] 文化是需要表达的，中华民族多元、多样

---

①　美国人类学家罗伯特·芮德菲尔德（Robert Redfield）从1930年起，对墨西哥南部乡村地区进行了长达16年的研究，开创性地使用大传统（Great Tradition）与小传统（Little Tradition）的二元分析框架，并在1956年出版的《农民社会与文化》一书中，提出大传统与小传统这一对概念，来说明在复杂社会中存在着的不同层次的两个文化传统。大传统指社会精英们建构的观念体系——科学、哲学、伦理学、艺术等；小传统指平民大众流行的宗教、道德、传说、民间艺术等。见（美）罗伯特·芮德菲尔德著：《农民社会与文化——人类学对文明的一种诠释》，王莹译，中国社会科学出版社，2013。

②　费孝通：《中华民族的多元一体格局》，载费孝通著、方李莉编：《全球化与文化自觉——费孝通晚年文选》，外语教学与研究出版社，2013，第85页。

的特点必然带来多彩的文化表达。在近年来兴起的传统文化研究与传播热潮中，学者们大多聚焦于精英文化，较少涉及中国的大众文化。但是"小传统"与"大传统"并非截然二分，"小传统"也具有丰富的文化意涵，而且最能反映普通民众的生活形态与思想情感，愈深入发掘，就愈见可贵的价值。而民间信仰在民间文化中又处于核心地位。徐姗娜博士指出："民间宗教信仰作为中国传统文化在下层普化的产物，不仅对歌舞、戏曲，而且对民间音乐、工艺美术、故事传说以及建筑艺术等民间文化的其他形式都有极为深刻的影响。民间信仰不仅是各种民间文学艺术创作灵感的源泉和表现内容，而且为它们提供了展示、传播表演的天地。因此，可以说民间信仰是民间文化诸因素中的核心要素。"① 包括民间信仰在内的大众文化（"小传统"）深深扎根于祖国的沃土里，扎根于人民的生活中，无需层层灌输，却为亿万民众世代信奉，有其自身的独特优势，能够发挥精英文化（"大传统"）不具备的功能。理解历史，才能更好地理解当下，才能更稳妥地前行。

近40年来，中国民间信仰研究逐渐成为学术热点，

---

① 徐姗娜：《优孟在野》，人民出版社，2011，第174页。

吸引着越来越多的学者投身这一领域。学界既应当重视对包括民间信仰在内的区域文化的研究，也应当重视对包括区域民间信仰在内的中国民间信仰的研究，还应当重视民间信仰研究的范式创新问题。在课题与论著中不断创新研究的方式与方法，是一流学者对于学术的特殊义务。汪毅夫先生始终秉持文化自觉与文化自信，立足中国社会实际，选择闽台民间信仰这样一个鲜活而具体的区域研究对象，收集了大量一手资料，进行了系统的整理与分析。他的著作中蕴含的理论和方法，特别是双翼结构理论，体现了他探寻民间信仰研究的新范式的努力，展现了学术研究的中国气派。汪先生的努力与成果，在当下的民间信仰研究乃至于人文社会科学研究中，仍然给人以重要的启发，值得学界同侪与后来者重视、借鉴。

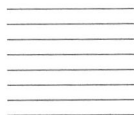

由巫至神

妈祖与陈靖姑

一、引言

  巫觋是沟通人神的媒介。[①]鲁迅先生说过："中国本来信鬼神的，而鬼神与人乃是隔离的，因欲人与鬼神交通，于是乎就有巫出来。"[②]张光直先生亦说："神属于天，民属于地，二者之间的交通要靠巫觋的祭祀。"[③]

[①] "巫"："古代称能以舞降神的人。国语楚下：'在男曰觋，在女曰巫。'注：'巫觋见鬼者也。周礼男亦曰巫。'又：'家为巫史。'注：'巫主接神，史次位序。'商代最重巫，至周地位渐降，周礼把司巫列为中士，属于司祝。"见何九盈、王宁、董琨主编：《辞源（第3版）》，商务印书馆，2015，第1290页。

[②] 鲁迅：《中国小说的历史的变迁》，载《鲁迅全集》第9卷，人民文学出版社，2005，第317页。

[③] 张光直：《考古学专题六讲》，文物出版社，1986，第99页。

　　福建地区有"好巫尚鬼"的传统，巫与巫术在民众生活中长期处于重要的地位，能巫善祷的人备受民众敬仰。巫和巫术，与宗教、特别是与非制度化的祠神信仰，有着紧密的联系。由巫至神，是福建祠神信仰的显著特点，在福建历史上，演变为祠神的巫觋为数不少，方志中亦多有记载。如南宋宝祐《仙溪志》卷三《祠庙》云："闽俗机（禨）鬼，故邑多丛祠。……余或以神仙显，或以巫术著，皆民俗所崇敬者，载在祀典，所当纪录。"①同卷并记：

　　　　兴福庙。在县西一里。神姓林，名义，县下顿人。生为巫医，殁而有灵。绍兴间（1131—1162），汀寇猖獗，侯发阴兵拒贼，现身人皆见之，凶徒遂溃。乾道间（1165—1173）赐庙额。嘉泰辛酉（1201），封威祐侯，寻累封彰应通灵孚顺侯。淳祐间（1241—1252），封孚祐昭德公。②

---

① ［宋］黄岩孙：《仙溪志》卷三《祠庙》，福建人民出版社，1989，第61—62页。

② ［宋］黄岩孙：《仙溪志》卷三《祠庙》，福建人民出版社，1989，第63页。

　　在福建祠神信仰中，女性神明数量之多、地位之高，在全国其他汉族地区是罕见的。值得一提的是，其中多数的原型是女巫。明人谢肇淛说："大凡吾郡人尚鬼而好巫，章醮无虚日，至于妇女祈嗣保胎，及子长成，祈赛以百数，其所祷诸神亦皆里妪村媪之属，而强附以姓名，尤大可笑也。"① 福建女神中影响最著者当属妈祖，其生前即是女巫。南宋廖鹏飞在《圣墩祖庙重建顺济庙记》中说其"姓林氏，湄洲屿人。初，以巫祝为事，能预知人祸福，既殁，众为立庙于本屿"。② 黄公度《题顺济庙》云："枯木肇灵沧海东，参差宫殿崒晴空。平生不厌混巫媪，已死犹能效国功。万户牲醪无水旱，四时歌舞走儿童。传闻利泽至今在，千里桅樯一信风。"③ 地方志书也持此说，《仙溪志》载："顺济庙，本湄州（洲）林氏女，为巫，能知人祸福，殁而人祠之，航海者有祷必应。"④ 福建另一重要女神——临水夫人陈靖姑，也是"由巫为神"的，其信仰的兴起与妈祖类似。

---

① ［明］谢肇淛撰、傅成点校：《五杂组》卷之十五《事部三》，上海古籍出版社，2012，第275页。

② 蒋维锬编校：《妈祖文献资料》，福建人民出版社，1990，第1页。

③ 蒋维锬编校：《妈祖文献资料》，福建人民出版社，1990，第3页。

④ ［宋］黄岩孙：《仙溪志》卷三《祠庙》，福建人民出版社，1989，第64页。

万历《古田县志》卷之七《秩祀志·庙祠》载：

> 顺懿庙。在县治东三十里。地名临水，神姓陈，家世巫觋，祖玉，父昌，母葛氏，生于唐大历二年（767），神异通幻，嫁刘杞，孕数月，会大旱，脱胎，往祈雨，果如注，因秘泄，遂以产终，诀云："吾死后，不救世人产难，不神也。"卒年二十有四。自后灵迹显著。临水有白蛇洞，吐气为疠疫，一日有朱衣人执剑索蛇斩之，乡人诘其姓名，曰："我江南下渡陈昌女也。"忽不见。巫往下渡询之，乃知其为神，遂立庙祀焉。建宁陈清叟子妇怀孕十七月不产，梦神为之疗治，即产蛇，孕妇获安。诸凡祷雨旸、驱疫疠、求嗣续，莫不响应。宋淳祐间（1241—1252），封崇福慈济夫人，赐额"顺懿"，学士张以宁有记，见"艺文志"，庙旧有田，以供祀典。①

---

① 福建省文史研究馆整理：《万历福州府属县志》，方志出版社，2007，第121页。

除了妈祖与陈靖姑，福建地区由巫变神的女神还有顺应夫人、马仙、刘女、孚应女神，等等。[1] "此外各地还有不少由巫变神的女神，虽说它们不如妈祖、临水夫人、马仙姑等那么神通广大，遐迩闻名，但也是民间信仰不可缺少的组成部分，正所谓一方水土供奉一方神灵，这也许正是民间信仰能够经久不衰，且具有调节地域之间平衡关系功能的奥秘所在。"[2]

巫觋由巫至神的升转之路，也是信民造神、信神和祭神的过程。作为祠神信仰的双翼，灵验传说与美德故事在这一过程中均起着重要作用。本章拟以妈祖和临水夫人陈靖姑为例，论述这一问题。

二、灵验传说

韩森在《变迁之神》一书中指出："一条概括性的原则为所有的解释奠定了基础：人神互存。人需要神祇

---

① 见林国平、彭文宇：《福建民间信仰》，福建人民出版社，2001，第180—183页。

② 林国平、彭文宇：《福建民间信仰》，福建人民出版社，2001，第183页。

的庇护与显灵，神则需要人的承认与报答。神为得到人的承认而存在，甚至为得到人的承认而互相竞争。……神祇们极为关心自己的形象、祠庙以及封赐的状况，他们为此对人的祈求作出积极的回应——继续显灵。因为，他们需要人类的承认。失去人类的承认，他们也就失去了活力。"① 由巫至神的巫觋，其灵验传说主要有三个特点。

（一）满足信众需要

福州进行"问亡"活动时流传有"舍人哥咒术"。实际上没有什么神秘色彩，通篇咒语主要叙述临水夫人生平，对于研究临水夫人信仰却有一定的史料价值。② 其文曰：

一炷名香透天庭　二炷名香请神明
三炷名香三拜请　拜请临水陈夫人
家住福建福州府　闽县地方下渡人

① （美）韩森著：《变迁之神——南宋时期的民间信仰》，包伟民译，中西书局，2016，第45页。
② 林国平：《闽台民间信仰源流》，人民出版社，2013，第221页。

开宝元年正月半　　亥时生下奶一人

一岁二岁多伶俐　　三周四岁奶聪明

五岁六岁学针箫　　绣龙绣凤绣麒麟

七岁八岁攻书史　　诗词歌赋件件能

九岁十岁去拾菜　　日夜奉伺观世音

十一十二知世事　　分付爹娘莫做亲

奶娘不是凡间子　　乃是观音化二身

奶娘十三去学法　　香珠龙女一同行

引到闾山大法院　　法主名字许真君

真君见奶微微笑　　十本天书传周全

奶娘学法三年足　　腾云驾雾转家庭

结义十宫十姐妹　　十宫姐妹法高强

天上渺渺是娘将　　地下茫茫是奶兵

行法之时天大暗　　收法之时天大光

元元①二年天做旱　　岩礴发火好惊人

奶娘脱胎去祈雨　　化身变体下江中

左执龙角右执剑　　头戴横额身缚裙

奶在江中礼做法　　长坑野鬼到来临

席墩四角沉三角　　咬指血云到闾山

---

① 原注：元元，未详。

法主看见血云到　　徒弟有难在江中

法主拔出四大将　　变化四头鸭姆仔

四头鸭姆好厉害　　长坑看见走脱逃

片时满天下大雨　　救了世间万万人

许年^①皇上生太子　　旨到请奶斩白蛇

可恨千年长坑鬼　　无道千年白蛇精

焚山破洞除妖怪　　此蛇被奶斩三唐

年年驾到娘宫殿　　处处奉伺奶香烟

…………^②

　　这篇咒语概括了陈靖姑生平的主要事迹。从中可以看出，她本为古代女巫，"以其一件或数件令人佩服乃至惊叹的善行或法术为民众所景仰，因此，经过渲染、神化，千百年播迁开来，如陈靖姑以所学'闾山'法术护国佑民、播雨除旱、以符医病、降妖斩蛇、扶危解厄、救产保胎、送子决疑等，就是民众崇敬的缘由，因为她随时都会成为人们心中需要依靠的力量，尤其是在人们

----

① 　原注：许年，那一年也。

② 　魏应麒编著：《福建三神考》，载叶春生主编：《典藏民俗学丛书》，黑龙江人民出版社，2004，第1616—1617页。

处于无助的时刻"。①

（二）神祇功能多样

林国平教授认为："福建民间俗神的职能极少是单一的，而且也不是固定不变的。一般说来，每个神灵都有一种主要职能，同时兼掌其他职能，这样才能满足信徒的各种需要，神阶越高，职能越多。"②

例如，妈祖的主要功能是航海保护神。南宋真德秀在《圣妃祝文》中，将保护航海安全的希望寄托于妈祖，"非圣妃其谁望"，其文云：

> 天下之至崄者莫如海道，而至不仁者莫如盗贼。以至不仁之徒而凭至崄之地，其为生灵之害可胜计哉！某再忝郡符，方将与民相安于无事，而自春徂夏，寇至再焉。前者自北而南，

---

① 庄孔韶：《行旅悟道：人类学的思路与表现实践》，北京大学出版社，2009，第39页。
② 林国平、彭文宇：《福建民间信仰》，福建人民出版社，2001，第25页。

仅能小挫其锋，今复自南而北，傥不大惩艾之，则方来之患未有穷已。是用纠合熊虎之旅，俾往殄鲸鲵之群。惟圣妃神灵炬赫，凡航海之人赖以为司命，是用有谒焉。导王师以必胜之机，而挤狂寇于必败之涂，如前日之所祷者，非圣妃其谁望！敢俯伏以请。谨告。①

但在真德秀的笔下，妈祖亦曾显灵助他保境安民：

某猥以非材，再守兹土，实惟神芘是依。今者凶狡之徒方舟南下，所至剽夺，重为民旅之害，某既调兵以逐捕矣。于惟圣灵，丕赫振耀，凡航海之人仰恃以为司命，是用祇遣官僚，敬伸忱祷。昔者戊寅之役，盖尝赖神以有济，今舟师追贼，行且相及，正仰资圣力之时。惟神絷之维之，使不得遁，王师大捷，一网弗遗，鲸波晏清，如行枕席之上，皆神之大惠也。某

① 曾枣庄、刘琳主编：《全宋文》第三百一十四册卷七二〇三，上海辞书出版社、安徽教育出版社，2006，第302页。

之报谢，其敢弗虔！谨告。[1]

还是及时降雨的女神：

　　某间者以闵雨修祠，遣邑尉代祷祠下，而某拜于庭以送之。乡之士有驰报者，谓祝祠甫至而甘霆随需，不疾而速，有如此者，某不胜兴敬。维濒海之邦，厥壤刚燥，比虽得雨而风日炎灿，润泽易竭，种蓻犹艰，一或失时，后虽甘霖相续，亦无及于事矣。十万生灵之命，安危存亡，决于朝夕，岂细故哉！是用命邑宰敬致菲仪，就属乡士，再伸忱祷。伏惟英烈之神灵，正觉之慈悲，实亟图之。一雨十日，俾土之瘠者肥而苗之萎者茂，环地千里，俱为丰年，则某之所以谢灵贶者，其敢或后！谨告。[2]

---

[1]　［宋］真德秀：《圣妃宫祝文》，载曾枣庄、刘琳主编：《全宋文》第三百一十四册卷七二〇二，上海辞书出版社、安徽教育出版社，2006，第288—289页。

[2]　［宋］真德秀：《惠安县龙宫山圣妃祠等再祈雨祝文》，载曾枣庄、刘琳主编：《全宋文》第三百一十四册卷七二〇二，上海辞书出版社、安徽教育出版社，2006，第292页。

对于中国传统社会的女性来说，生育是其生命价值和意义的主要体现。"进入封建社会后，由于受到'不孝有三，无后为大'的影响，百姓更加注重传宗接代，为了满足善男信女的需要，创造了诸如观音、碧霞元君、王母娘娘、张仙等具有全国性影响的生育神灵。"[①] 妈祖也主生育。《绘图三教源流搜神大全》卷四《天妃娘娘》就记其"善司孕嗣，一邑共奉之。邑有某妇，醮于人十年不字，万方高禖，终无有应者。卒祷于妃，即产男子。嗣是凡有不育者随祷随应"。[②]

与妈祖功能拓展的情形类似，本司扶胎救产的临水夫人，也有救海难之功能。明人谢肇淛《五杂组》记曰："罗源、长乐皆有临水夫人庙，云夫人，天妃之妹也，海上诸舶，祠之甚虔，然亦近于淫矣。"[③] 明人高澄《临水夫人记》载：

　　甲午（明嘉靖十三年，1534）仲夏八日，

---

① 林国平：《闽台民间信仰源流》，人民出版社，2013，第78页。

② 佚名：《绘图三教源流搜神大全（外二种）》，上海古籍出版社，2012，第187页。

③ ［明］谢肇淛撰、傅成点校：《五杂组》卷之十五《事部三》，上海古籍出版社，2012，第275页。

西南风便，舟始开洋。巨舶稳流，屹然不动，俨然楼船之泛里河也。余窃喜曰："人言误矣，何险之有！"陈公曰："此天幸也，勿言！"行才五日，忽望见古米山巅，其去琉球止二、三日路矣。余复喜曰："人言误矣，何远之有！"陈公曰："此紧关也，勿喜！"夜半，忽逆风作焉。山近多礁，亦喜；风少违顺，可以徐行避之。奈东北势猛，舟难与角。震荡之久，遂致大桅箍折、遮波板崩；反侧弗宁，若不可一息存者；众心惊惧。乃焚香设拜，求救于天妃之神。时管军叶千户平日喜扶鸾，众人促其为之。符咒方事，天妃降箕，乃题诗于灰上曰："香风惊动海中仙，鉴尔陈、高意思专！谁遣巽神挠海舶，我施阴骘救官船。鹏程远大方驰步，麟阁勋名待汝还！四百人中多善类，好将忠孝答皇天！"诗毕，复判曰："吾已遣临水夫人为君管舟矣，勿惧、勿惧！"达旦，风果转南，舟亦无恙。然不知临水夫人何神也，祠何在也。

及归闽，感神贶既彰，念报赛当举；乃于水部门外敕赐天妃庙中，立石以纪异，设祭以旌诚。行香正殿，忽见左庑有祠，额题曰"临水夫人祠"；询之道士曰："神乃天妃之妹也。
生有神异，不婚而证果水仙，故祠于此。"又曰：
"神面上若有汗珠，即知其从海上救人还也。
今岁自夏至秋，汗珠不绝；或者劳于海舶焉！"
余等讶之，乃再拜谢之，始知箕判验矣。①

陈靖姑的功能拓展还体现在神谕中。在台湾的临水
夫人信仰中，有一些独特的风俗。例如，台北市临水顺
天总堂在每年正月初一早上九点整，都要发布一则主神
陈靖姑太后的谕训，名为"陈太后降僮训示"。其中
1976 年的为：

今春开泰运，己土定居财。

临水春常在，坛前紫气来。

小龙报喜，万象呈祥。

炳烛耀辉，共增佳妙。

合堂吉庆，同祝神恩。

祝各弟子增福增寿，合家平安。

---

① ［明］陈侃等：《使琉球录三种》，大通书局，1984，第102—103页。

1982 年的为：

> 甲子开元，庚申气运。
>
> 环球风火，劫难未休。
>
> 在否极泰来之时，将曙尚黑。
>
> 宜多行善果，普庇国泰家安。
>
> 元旦吉时，大众恭喜。
>
> 望体神心，当予赐佑。[①]

从这两则诗训可以看出，临水夫人已由保胎护幼的专门神明，演变为具有保佑信徒及其家人平安、万事顺遂的多功能神明。

（三）实现本土化

突出表现在信民通过神祇的群组化，将神祇纳入本地神明系统。仍以临水夫人为例。《仙溪志》是最早记载陈、林二夫人并祀宫庙的文献。其记曰：

---

① 《临水顺天总堂建堂二十四周年纪念特刊（台北，1987）》。转引自林国平、彭文宇：《福建民间信仰》，福建人民出版社，2001，第 178 页。

　　三妃庙。在县东北二百步。一顺济庙，本
湄洲林氏女，为巫，能知人祸福，殁而人祠之，
航海者有祷必应。宣和间（1119—1124）赐庙额，
累封灵惠显卫助顺英烈妃，宋封嘉应慈济协正
善庆妃。沿海郡县皆立祠焉。一昭惠庙，本兴
化县有女巫，自尤溪来，善禁咒术，殁为立祠。
淳祐七年（1247）赐庙额，绍兴二年（1132）
封顺应夫人。一慈感庙，即县西庙神也。三神
灵迹各异，惟此邑合而祠之，有巫自言神降，
欲合三庙为一，邑人信之，多捐金乐施，殿宇
之盛，为诸庙冠。俗名三宫。[①]

　　需要说明的是，在各地有关临水夫人的传说中，"三
夫人"的具体构成是不同的，仙游是"陈林许"，福州
是陈靖姑、林淑靖（又称林九娘，罗源县人，九月九日
出生）、李三靖（又称李三娘，连江县人，八月十五日生），
古田是陈靖姑、江夫人、石夹夫人，泉州则是陈靖姑、

---

① ［宋］黄岩孙：《仙溪志》卷三《祠庙》，福建人民出版社，1989，
第64页。

金夫人、李夫人。而关于临水夫人陈靖姑的助手——
三十六宫娥之籍贯，更是众说纷纭。"传说就是为了信
奉而存在，并由历代的信徒保存传诵到了今天。"① 福
建各地民间三夫人、三十六宫娥的不同说法，反映了祠
神信仰本土化的特点——祠神信仰传入当地后，与当地
神祇产生了融合，或合祠供奉，或将当地神祇纳入自身
的体系，形成新的神明系统。

三、美德故事

汪毅夫先生曾论："从信民对神明的态度来考察，
同严格意义上的宗教相比照，我们可以看到民间信仰的
一个特点：一般说来，信民的主要期望乃在于'现世现报'
和'有求必应'（如所谓'祈福赐福''求子得子''有
烧香有保佑'），而不在乎'来生幸福'或'死后升入
天堂'。常见有论者据此特点认定民间信仰'灵验本位'

① 〔日〕柳田国南著：《传说论》，连湘译，中国民间文艺出版社，
1985，第32页。

和实用实利的取向，对民间信仰的道德取向却毫无认知。"①信民所编排的祠神美德故事有如下两点特征。

（一）攀附制度化宗教

这与中国人的正统观念有关。林国平教授认为："汉代以后，占据思想统治地位的儒家视巫觋为怪力乱神，其社会地位日渐衰落。唐宋元明清时期，巫觋的地位一落千丈，其形象也多为负面。当某个巫觋出身或带有巫术成分的神明的影响不断扩大，上升为地区、行业的保护神，甚至成为跨地区、跨行业的保护神时，该神明原来的巫觋身世与不断提升的神格就不可避免地发生矛盾，成为制约其影响继续扩大的障碍。"②因此信民（特别是知识阶层的信民）和地方的士绅官吏，就开始对神祇的出身和经历进行改造。首先是攀附佛教，主要是编造神祇英雄般的出生，常见的母题是说神祇为观音化生。以妈祖为例。黄渊在作于元大德七年（1303）的《圣

---

① 汪毅夫：《"崇德报功"与妈祖信仰的双翼结构》，载氏著：《闽台历史社会与民俗文化》，鹭江出版社，2000，第62页。

② 林国平：《去巫化与正统化：民间信仰的生存和发展之路——以福建民间信仰为例》，《世界宗教研究》2013年第1期，第34页。

墩顺济祖庙新建蕃釐殿记》一文中说妈祖"即普陀大士之千亿化身也"。[①] 南宋真德秀在《惠安县管下圣妃宫祈雨祝文》中写道："夫以圣妃之神灵而济以佛菩萨之慈悲，其视生灵之急，必将如拯焚溺。"[②] 将妈祖显灵救民于大旱，比作菩萨慈悲。明代林尧俞在《天妃显圣录序》中说："（妈祖）相传谓大士转身。其救世利人，扶危济险之灵，与慈航宝筏度一切苦厄，均属慈悲至性，得无大士之递变现于人间乎？"[③] 明代《绘图三教源流搜神大全》卷四《天妃娘娘》记："妃林姓，旧在兴化路宁海镇，即莆田县治八十里滨海湄洲地也。母陈氏，尝梦南海观音与以优钵花，吞之，已而孕，十四月始免身得妃，以唐天宝元年三月二十三日诞，诞之日异香闻里许，经旬不散。幼而颖异，甫周岁，在襁褓中见诸神像，叉手作欲拜状。五岁能诵《观音经》，十一岁能婆娑按节乐神，如会稽吴望子、蒋子文事。"[④] 清代福建惠安祭妈祖祝文亦云："维神菩萨化身，至圣至仁。主宰四渎，

---

① 蒋维锬编校：《妈祖文献资料》，福建人民出版社，1990，第25页。

② 曾枣庄、刘琳主编：《全宋文》第三百一十四册卷七二〇二，上海辞书出版社、安徽教育出版社，2006，第291页。

③ 蒋维锬编校：《妈祖文献资料》，福建人民出版社，1990，第127页。

④ 佚名：《绘图三教源流搜神大全（外二种）》，上海古籍出版社，2012，第186页。

统御百灵。海不扬波，浪静风平。舟航稳载，悉仗慈仁。"①
陈靖姑传说中也有类似的情节。《绘图三教源流搜神大
全》卷四《大奶夫人》云陈靖姑为观音指血变化而成，
文曰：

> 昔陈四夫人，祖居福州府。罗源县下渡人也。
> 父谏议拜户部郎中，母葛氏，兄陈二相，义兄
> 陈海清。嘉兴元年，蛇母兴灾吃人，占古田县
> 之灵气穴洞于临水村中。乡人已立庙祀，以安
> 其灵。递年重阳，买童男童女二人以赛其私愿耳。
> 遂不为害。时观音菩萨赴会归南海，忽见福州
> 恶气冲天，乃剪一指甲，化作金光一道，直透
> 陈长者葛氏投胎。时生于大历元年（766）甲寅岁，
> 正月十五寅时诞圣。②

其次是攀附道教，编造神祇为道教弟子。清人丘人
龙所编《天后显圣录》云："（妈祖）十三岁时，有老

---

① 蒋维锬编校：《妈祖文献资料》，福建人民出版社，1990，第312—
313页。
② 佚名：《绘图三教源流搜神大全（外二种）》，上海古籍出版社，
2012，第183页。

道士玄通者往来其家，妃乐舍之。道士曰：'若具佛性，应得渡入正果。'乃授妃玄微秘法。妃受之，悟诸要典。十六岁，窥井得符，遂灵通变化，驱邪救世，屡显神异。"①明人陈鸣鹤《晋安逸志》有《女道除妖》一文，开篇即说："陈靖姑，闽县人，五世好道。靖姑少孤，与其兄守元力田、牧畜。"②这样就把临水夫人与福建历史上的著名道士陈守元连接在一起，在将祠神地方化的同时也将其历史化了。

（二）用儒家传统伦理塑造神祇形象

神祇由巫至神，是一个漫长的过程。韩森认为："神祇拥有凡人所无的威灵，但神威的显示则与凡人无异，或仁慈，或戏谑，或报复。因此，中国的神祇与古希腊罗马的神祇一样，常常是乖戾任性的。"③宋人洪迈《夷坚志》所记"林夫人庙"与"浮曦妃祠"二条，是目前

① 蒋维锬编校：《妈祖文献资料》，福建人民出版社，1990，第158页。
② ［明］徐𤊓：《榕阴新检》，海风出版社，2004，第27页。
③ （美）韩森著：《变迁之神——南宋时期的民间信仰》，包伟民译，中西书局，2016，第48页。

所见古籍中首次记载妈祖事迹的。① 从"林夫人庙"中可以看出妈祖的巫觋本质,文曰:

兴化军境内地名海口,旧有林夫人庙,莫知何年所立,室宇不甚广大,而灵异素著。凡贾客入海,必致祷祠下,求杯珓,祈阴护,乃敢行,盖尝有至大洋遇恶风而遥望百拜乞怜见神出现于樯竿者。里中豪民吴翁,育山林甚盛,深衰满谷。一客来指某处欲买,吴许之,而需钱三千缗,客酬以三百,吴笑曰:"君来求市而十分偿一,是玩我也。"无由可谐,客即去。是夕,大风雨。至旦,吴氏启户,则三百千钱整叠于地。正疑骇次,外人来报,昨客所议之木已大半倒折。走往视其见存者,每皮上皆写林夫人三字,始悟神物所为,亟携香楮,诣庙瞻谢。见群木多有运致于庙埒者,意神欲之,遂举此山之植悉以献,仍鞶原值还主庙人,助其营建之费。远近闻者纷然而来。一老疍家最富,

---

① 吕宗力、栾保群:《中国民间诸神》,河北教育出版社,2001,第318页。

独悭吝，只施三万，众以为太薄，请益之，弗听。

及遣仆负钱出门，如重物压肩背，不能移足，

惶惧悔过，立增为百万。新庙不日而成，为屋

数百间，殿堂宏伟，楼阁崇丽，今甲于闽中云。[①]

　　在这则故事里，妈祖运用巫术胁迫吴翁、老眊等捐献，与所谓"唯妃生人、福人，未尝以死与祸恐人"[②]的崇高形象相距甚远，也不符合传统的儒家观念。"民间信仰造神带有很大的随意性，但基本上还是遵循着儒家的'礼法施于人民则祀之，以死勤事则祀之，以劳定

---

①　[宋]洪迈撰、何卓点校：《夷坚志》支景卷第九，中华书局，1981，第950—951页。另，"浮曦妃祠"条云：绍熙三年（1192），福州人郑立之，自番禺泛海还乡。舟次莆田境浮曦湾，未及出港，或人来告："有贼船六只在近洋，盍谋脱计？"于是舟师诣崇福夫人庙求救护，得三吉珓。虽喜其必无虞，然迟回不决，聚而议曰："我众力单寡，不宜以白昼显行迎祸？且安知告者非贼候逻之党乎？勿堕其计中。不若侵晓打发，出其不意，庶或可免。况神妃许我耶！"皆曰："善！"迨出港，果有六船翔集洪波间，其二已逼近。舟人窘迫，但遥瞻神祠致祷，相与被甲发矢射之。矢且尽，贼舳舻已接，一魁持长叉将跳入。忽烟雾勃起，风雨歘起，惊波驾山，对面不相睹识，全如深夜。既而开雾帖然。贼船悉向东南去，望之绝小。立之所乘者，亦漂往数十里外，了无他恐。盖神之赐也，其灵异如此，夫人今进为妃云。见[宋]洪迈撰、何卓点校：《夷坚志》支戊卷第一，中华书局，1981，第1058页。
②　蒋维锬编校：《妈祖文献资料》，福建人民出版社，1990，第25页。

国而祀之，有御大灾、捍大患则祀之'的造神原则。"①
这样的观念要求神祇具有高尚的品行，符合儒家的伦理
道德。汪毅夫先生曾以广泽尊王郭忠福为例，说明在民
间传说中"孝德流芳"是其配享"百年"之祀的主要原
因。② 在巫觋由巫至神的美德传说中，亦有类似的情节。
试举数例如下：

其一，清人陈池养在《孝女事实》一文中将妈祖塑
造成为符合儒家道德标准的"孝女"。其文曰：

> 林孝女系出莆田，唐邵州刺史蕴九世孙。
> 曾祖保吉，周显德中（954—960）为统军兵
> 马使，弃官归隐湄屿。祖孚，袭而为福建总
> 管。父惟悫为宋都巡官。孝女次六，其季也。
> 生弥月不啼，因名曰默。八岁从塾师读，悉
> 解文义，喜诵经礼佛。年十六，随父兄渡海，
> 西风甚急，狂涛怒撼，舟覆。孝女负父泅到岸，

---

① 林国平：《从临水夫人信仰看福建民间信仰的特色》，载叶明生、郑
安思主编：《中国首届临水夫人陈靖姑文化学术研讨会论文集》，福建古田，
2010，第 178 页。
② 汪毅夫：《从福建方志和笔记看民间信仰》，载氏著：《闽台缘与闽
南风》，福建教育出版社，2006，第 169—170 页。关于广泽尊王郭忠福
信仰，详见本书第三章。

父竟无恙，而兄没于水。又同嫂寻其兄之尸，遥望水族辏集，舟人战栗，孝女戒勿忧，鼓枻而前，忽见兄尸浮水面，载之归葬，远近称其孝女……自是矢志不嫁，专以行善济人为己任，尤多于水上救人……里人立祠祀之，号曰"通贤灵女"。厥后，庙宇遍天下，累膺封赐。而称以夫人、妃、后，实不当，惜当日礼官未检正也……①

民国时期，福建省教育厅长郑贞文②曾撰《闽贤事略》

① 蒋维锬编校：《妈祖文献资料》，福建人民出版社，1990，第323页。
② 郑贞文（1891—1969），字幼坡，号心南，福建长乐人，是我国近代一位博学多才的知名学者。3岁丧父，自幼勤读，12岁考取福州府秀才。1906年赴日留学，期间于1909年加入同盟会。郑贞文曾在上海商务印书馆编译所任职13年，除编写教科书和主编科学丛书外，还翻译和编著了许多自然科学著作，尤其是在统一化学名词方面，起了重要的奠基作用。他还受陈嘉庚之邀筹建厦门大学，是厦门大学校歌的词作者。1932年底，郑贞文回乡任福建省教育厅长，前后达11年。他致力于发展家乡的教育事业，使当时福建省教育落后的面貌有所改观。中华人民共和国成立后，他历任福建省政协委员，文史研究馆馆员、和平解放台湾小组经常工作组成员和对台广播组编审。他是福建省自然科学协会筹备委员会和省历史学会的发起人，并任自然科学协会筹委会常务委员兼出版组组长和历史学会理事。见王志浩、刘云娜、甘景镐：《一代学人郑贞文》，《中国科技史料》第12卷（1991）第3期，第38—45页。

一书，内有《孝女林默事略》一文，是继前引清人陈池养《孝女事实》之后，又一篇将妈祖作为人的形象来描写的传记文章，其文曰：

> 林默，宋福建路兴化军莆田县人。生于宋太祖建隆元年（公元九六〇年），卒于太宗雍熙四年（公元九八七年），年三十二[①]。
>
> 曾祖保吉。祖孚。父维悫，母王氏。（原注一）
>
> 莆田县东北七十里海中有岛，名湄洲屿，宋元间多居民（原注二），以生林孝女著名。
>
> 孝女系出莆田，唐邵州刺史林蕴九世孙。曾祖保吉，周世宗显德中为统军兵马使，弃官归隐湄洲屿。祖孚，袭勋为福建总管。父维悫，为宋都巡官。
>
> 孝女行六，为季子。生后弥月不啼，因名曰默。八岁，从塾师读，悉解文义。及长，喜诵经礼佛。
>
> 孝女年十六，随父兄渡河，西风甚急，狂涛怒撼，舟覆；孝女负父泅水到岸，父以无恙；

---

① 原文如此，据文中所记 960—987 年，林默殁年应为二十八。

而兄没于水，又同母嫂往寻其兄之尸。遥望水族辏集，舟人战栗，孝女戒勿忧，鼓枻而前，忽见兄尸浮水面，载之归葬，远近称其孝友。

屿之西有门夹乡，礁石错杂，有商船渡此遭风，舟人哀号求救；孝女谓人："宜急拯。"众见风涛震荡，不敢前；孝女自驾舟往救，商舟得以不沉。自是矢志不嫁，专以行善济人为己任，尤多于水上救人，世因称其灵异，流传不衰。清嘉庆时，莆田士人陈池养纪孝女事实，以为："孝女殆海滨之人习于水性者欤？"（原注三）

孝女既殁，里人立祠祀之。厥后庙宇遍各省，旁及外国。历朝封祭，尊为天后。中华民国十八年，莆田县县长，据九牧林氏阖族绅士，呈请保存孝女庙宇（原注四），经民政厅批准备案；惟将天后宫名称改为林孝女祠；并呈请内政部，通令各省保存孝女祠。（原注五）

原注：

一、孝女世系，均从闽林氏世谱，惟母王氏采《重纂福建通志》。

二、弘治《兴化志》载："湄洲屿若水之湄，宋元间多居民，洪武初以勾引番寇遗祸地方，守备都指挥李彝奏迁内地，岛屿遂虚。"

三、陈池养，莆田人，嘉庆时进士，官知县，编《林氏孝女事实》，载《湄洲屿志略》。

四、唐宪宗时，莆田林披九子俱为州刺史，因号九牧林氏，孝女即其后裔。

五、民国十八年，闽侯县里民林兆琦等呈请保存省城丽文坊天后宫，奉民政厅批开："呈件均悉。查此案前据莆田县县长李赓祁呈称，九牧闽族绅士林春声等呈同前情，业经由厅准予备案；惟天后宫名称，应改为林孝女祠，以昭核实。除呈请由内政部令各省县转饬所属，凡有前项神祠，应予一律保存，并呈请省政府察核。除分令外，仰即知照，此令。"①

附带言之，此篇中有关将天后宫改为林孝女祠的记载，不仅体现了民国时期官方对于妈祖信仰的态度，而且可以从中一窥国民政府处理祠神信仰的政策。②

---

① 郑贞文：《闽贤事略初稿》，商务印书馆，1935，第231—233页。
② 关于民国时期官方毁禁淫祠，见庄恒恺：《傩与礼的融合——闽台厉鬼瘟神信仰研究》第五章第二节，九州出版社，2015，第124—128页。

其二，明人小说《海游记》记载了陈靖姑在闾山学法时为师母咀嚼脓疮的情节：

> 夫人曰："得一人用手去其脓头，嚼干其脓方好。"靖姑听罢，只得向前将手扯出脓头，用口于疮子嚼脓，疮中之脓滚滚而来，靖姑吐之不及，只得一口口吞之。其疗疮霎时间即消。夫人起来，问曰："方才若非是汝，则吾命休矣！且问汝所嚼之脓吐于何处？"靖姑曰："疮脓乃师娘骨血，不敢吐之，尽皆食矣。"①

书中还多次写到陈靖姑为了亲人的安危而"大哭"。例一：

> 海清只得将兄破庙被捉事，从头说了一遍。母亲、姐姐听罢大哭。②

① ［明］无根子集、叶明生校注：《新刻全像显法降蛇海游记传》，施合郑民俗文化基金会，2000，第72页。

② ［明］无根子集、叶明生校注：《新刻全像显法降蛇海游记传》，施合郑民俗文化基金会，2000，第70页。

例二：

　　姑思无计可施，救出其兄，不觉下泪。[①]

例三：

　　海清醒来，亦向前观看，法通口中无气，不能得醒。子妹大哭，无计可施。……法通渐渐醒来。子妹众等相见，大哭一场，各诉前事。[②]

例四：

　　靖姑悔之不及，复杀至蛇洞请战。蛇将姑子吊上，其子叫哭，姑闻心痛。蛇杀出姑不能敌，大败而走。直至灵山见世尊如来。参拜毕，诉说前事。世尊许之，大发慈悲，挪开慧眼，见儿子吊在板上。世尊呼喝一声，伸手望空而接，

① ［明］无根子集、叶明生校注：《新刻全像显法降蛇海游记传》，施合郑民俗文化基金会，2000，第76页。
② ［明］无根子集、叶明生校注：《新刻全像显法降蛇海游记传》，施合郑民俗文化基金会，2000，第77页。

孩子落入世尊掌中。姑见子至，跪拜地下接着，抱住大哭。①

以上所引陈靖姑传说所体现的其尊敬长辈、友爱亲人等高尚品质，均符合儒家传统的伦理道德。

顾颉刚在《孟姜女故事研究》的结论部分写道："我们可以知道一件故事虽是微小，但一样地随顺了文化中心而迁流，承受了各时各地的时势和风俗而改变，凭藉了民众的情感和想象而发展。我们又可以知道，它变成的各种不同的面目，有的是单纯地随着说者的意念的，有的是随着说者的解释的要求的。我们更就这件故事的意义上回看过去，又可以明了它的各种背景和替它立出主张的各种社会的需要。"② 从民间造神者编造，并在信民中流传的妈祖、陈靖姑的美德故事里，我们应当可以看出祠神信仰的道德取向。

---

① ［明］无根子集、叶明生校注：《新刻全像显法降蛇海游记传》，施合郑民俗文化基金会，2000，第82页。

② 顾颉刚：《顾颉刚全集·顾颉刚民俗论文集》卷二，中华书局，2011，第95页。

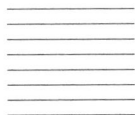

由人至神
广泽尊王郭忠福

一、引言

　　广泽尊王信仰是闽台祠神信仰的重要组成部分，并且在东南亚华人中亦有影响。关于广泽尊王郭忠福，明代福建两部重要的地方文献——《八闽通志》与《闽书》的记载如下：

　　　　威镇庙。在县北十二都。五代晋天福中，伪闽建。其神郭姓，生而神异，甫十岁，一日忽取瓮酒全牛登郭山绝顶，明日坐逝古藤上，牛酒俱尽。其后常见梦于人，因为立庙，号郭将军。[①]

① ［明］黄仲昭修撰：《八闽通志》（修订本）下册卷之五十九《祠庙·泉州府南安县》，福建人民出版社，2006，第537页。

郭山。山有威镇庙，神姓郭，世居山下。生而神异，意气豪伟。年十岁时，忽取瓮酒，牵牛登山，明日坐绝顶古藤上，垂足而逝，酒尽于器，牛存其骨，已，见梦乡人，因为立庙，号将军庙，伪闽通文中也。[1]

从这些记载可知，与闽台地区的其他祠神信仰相比，广泽尊王信仰有其独特之处，即神祇出身平民（牧童），去世时未成年。在其成神的过程中，时代背景、区域特征和社会控制等因素相互作用，经过五代到明清的不断发展，郭忠福的形象不断充实和饱满，由一个乡村"牧童"成为广施恩泽的"尊王"。本章拟通过运用"双翼结构"对其由人至神的路径进行分析，考察其形象的构建过程。

二、美德故事：忠孝一体

有关广泽尊王的最早文本材料，是刻于南宋宝庆二

---

[1] ［明］何乔远：《闽书》第一册卷之九《方域志·泉州府南安县二》，福建人民出版社，1994，第204页。

年（1226）的《郭山庙记》碑。碑文为解元进士、惠州教授王胄所写。其文曰："世之士大夫必庙食而封侯，非徒曰美秩徽号、瑞圭华衮，蒙君之宠而已也；非徒曰洁粢丰盛、肥牲旨酒，享民之祠而已也。其劳在于国，其功加于民，则山河同其誓，日月同其休，是所谓垂名而不朽也。今郭山祠是已。其姓郭，幼名忠福，其爵侯，其庙威镇，其谥忠应孚惠。呈灵于五季，显迹于国初，庙额锡于绍兴之间（1131—1162），爵号增于庆元（1195—1200）之始，迄今二百年间，国家宠渥有加而无已，井邑香火相传而不替，是岂无所自而然哉！"[1]从文中可知，广泽尊王去世后不久即被奉为神祇，在南宋绍兴时即受朝廷敕封。广泽尊王在南宋多次受封，情况如下：[2]

序号	时间	封号 庙	封爵 神	史料来源
1	绍兴之间	其庙额"威镇"		南宋宝庆二年 王胄《郭山庙记》
	庆元之始		忠应孚惠侯	

---

[1]　戴凤仪纂：《郭山庙志》，中国文联出版社，1999，第90页。

[2]　陈蓉：《广泽尊王信仰研究》，表2—1"广泽尊王在南宋的受封情况"，福建师范大学硕士学位论文，2008，第10—11页。

续表

序号	时间	封号	封爵	史料来源
		庙	神	
2	绍兴间	"赐今额"		明成化二十一年 黄仲昭《八闽通志》
	无具体时间		广泽孚惠忠 应侯	
3	绍兴		"侯"爵之封	明万历十六年 陈学伊《郭山庙记》
4	宋	累有封爵（无具体内容）		明万历二十三年 叶□□《郭山庙改修路记》
5	无具体时间		威镇忠应孚惠 广泽	明万历四十年 何乔远《闽书》
6	无具体时间		威镇忠应孚惠 广泽	康熙十一年 刘佑《南安县志》
7	无具体时间	叠加封爵（无具体内容）		康熙十四年 陈千鹤《游郭山记》
8	无具体时间		威镇忠应孚惠 广泽侯王	乾隆二十八年 黄任《泉州府志》
9	"光宗"年间	威镇旌忠	威镇忠应孚惠 广泽侯	道光二十五年 曾天爵 《敕封广泽尊王谱系纪略》
	"宁宗"年间		提伯王	
	无具体时间		忠应孚惠威武 英烈 广泽尊王	
10	有宋以来		威镇忠应孚惠 威武英烈 广泽尊王	同治十年 翁学本《请封碑记》

序号	时间	封号	封爵	史料来源
		庙	神	
11	绍兴朝	威镇庙	威镇忠应孚惠广泽侯	光绪十三年杨浚《凤山寺志略》
	庆元朝		威镇忠应孚惠提伯王，又威镇忠应孚惠武烈广泽尊王	
12	无具体时间		威镇忠应孚惠广泽	光绪十四年杨浚《岛居三录》
13	绍兴朝	威镇庙	威镇广泽侯	光绪二十三年戴凤仪《郭山庙志》
	庆元朝		威镇忠应孚惠广泽侯	
14	庆元朝（或作开庆元年）		威镇忠应孚惠威武英烈广泽尊王	

从郭忠福"威镇旌忠"等封号和"威镇忠应孚惠广泽"等封爵可以看出，"忠"是其作为民间神祇最初的形象。这是因为，从宋至清，中央集权的专制主义是在不断强化的。历代统治者为了维护统治秩序，都将"忠"作为最重要的意识形态灌输给民众。而塑造本土神祇的乡绅阶层，为了得到统治者的认可（敕封），必然将"忠"的形象加诸神祇，作为其最主要的美德，这也是一种为神祇赢得"合法性"的努力。

但是"忠"毕竟与普通民众的日常生活有距离，如果只有"忠"的美德故事，神祇的形象远不够丰满，不利于信仰的广泛传播。于是，信众就开始为广泽尊王编排"孝"的美德故事。这种做法非常自然，因为在中国传统社会，忠与孝是一体的。"孝与忠在本质上都是个'顺'字，它们的区别就在于所面对的对象不同"①，"忠孝一体论要求臣民自觉认同为子为臣的卑贱地位和工具属性，恪守本分，尽心从事。忠孝是一种臣民绝对义务观念。宗法孝道就是合乎封建礼法规范，忠孝一体就是事君准则，'孝理天下'就是治国之道，这是中国古代政治理论的一大特色"。② 但是在编排广泽尊王孝行的美德故事时，信众们遇到了难题——郭忠福的生命过于短暂，能够编排的孝行有限，更为严重的是，他没有后代。在中国传统社会的宗法制度下，不生育后嗣，被认为是最不孝的行为。尽管困难重重，但信众还是通过三个方面的努力，将广泽尊王塑造成为一个"孝"的楷模，一个忠孝一体的神祇。

第一，编排广泽尊王娶妻生子的传说。关于郭忠福

---

① 刘泽华：《王权思想论》，天津人民出版社，2006，第61—62页。
② 刘泽华：《王权思想论》，天津人民出版社，2006，第61页。

的坐化之年，文献记载和民间口碑中，有十岁、十三岁、十六岁、十八岁等多种说法。[①]无论按照哪种说法，其死都属于"殇"（夭折）。[②]郭忠福未婚而死，生前无后，但死后却有信众为之缔婚。清人杨浚《凤山寺志略》记："神配曰黄氏，号懿德。五代闽王时，正月二十三日诞。幼即具仙骨，及长入庙坐化，因塑像祀之。宋封妙应仙妃，俗称圣妃，凡保国安民，妃预有力焉。"又记："相传，神蜕化后，有尤溪黄氏女浣衣，见金钏回旋，不离左右，母令取之。一日乘舆过神庙，大风，忽失所在，或言入庙坐化。宋时已加封曰'妙应懿德黄氏仙妃'。惠安庄牧亭观察志廉有赞云'仙风道骨本自天生，配王庙食妙应留名'。乡人夜间每闻庙中呱泣声。比明入视，得泥堆，遂塑像为神之储，凡十三太子，散处崇祀。威镇庙所奉

---

①　汪毅夫：《闽台民间的广泽尊王信仰》，载氏著：《中国文化与闽台社会》，海峡文艺出版社，1997，第97—100页。

②　郭忠福的形象是儿童。魏应麒在《福建三神考》中写道："记得我七八岁时，舅父送给我一个土偶（是否舅父送的，现在已忘记了），仿佛并听他对我的父亲说：'别的土偶都是狰狞可怕，于小孩子很不相宜，惟独这郭圣王是和平不过的，况且他的相貌也是孩子，所以我特意买来给大哥（作者的小名）作伴。'于是我开始鉴赏这郭圣王了！果然见他不止和蔼可亲，而衣饰也精美异常。我实爱极了，从此当他做惟一的恩物，几于寝食不离。"载叶春生主编：《典藏民俗学丛书》，黑龙江人民出版社，2004，第1623页。

为长男，自宋已然。"① 关于十三太子的情况，民间传
说更为详细和形象。据传，凤山寺中主持和多位和尚，
连续几夜均听到圣娘房中有婴儿的哭声，不约而同地到
圣娘房中探个究竟，但不见婴儿。后来圣娘托梦给寺中
主持：婴儿哭声，那是我亲生儿出世，取龙床下凸起的
红土塑金身像为太子。即神之王储，前后计有十三位。
大太子居安溪金谷河内乡威镇庙，二太子在南安诗山旧
门乡鳌峰宫，第三在溪头，第四在殿坂，第五在大庭，
第六在宫下，第七在溪东，第八在山兜，第九在坑柄，
第十在罗埔，第十一在古宅，第十二在仙境，第十三在
今诗山公园内之龙山宫（即下庵宫），民间传说中说的"大
子顾墓，小子顾祖"是由此而来的。② 在这些口碑传说中，

---

① 转引自汪毅夫：《闽台民间的广泽尊王信仰》，载氏著：《中国文化
与闽台社会》，海峡文艺出版社，1997，第101页。

② 梁毅搜集整理：《太子降世》，载梁毅编：《敕封广泽尊王史料选辑——
郭忠福》，南安会馆凤山寺，1996，第60页。20世纪30年代，日人增田
福太郎在台湾也录得了类似的传说："广泽尊王之妻称为圣王妈。相传曾
在夜间听到庙内有孩儿的哭声，翌朝到庙看到神桌前的铺石隆起，以为此
乃广泽尊王夫妻生子云。广泽尊王有夫妻及儿子，在中国皇帝之子称为太
子，王之子称为太保。将圣王妈配给广泽尊王，以庙内铺石隆起时，视为
生子，第一面隆起时，采其土雕塑神像称为大太保，第二面以后，各以二
太保、三太保称之，今已有四太保。对于广泽尊王的信仰扩张，致此等太
保亦在神明会祭祀之。"见（日）增田福太郎著：《台湾宗教信仰》，黄
有兴译，东大图书股份有限公司，2005，第156页。

广泽尊王不仅娶妻生子、传宗接代，而且生了十三个儿子，完全契合中国传统社会"多子多福"的理念。信民通过编排广泽尊王娶妻、生子的情节，弥补了其生前无后的遗憾。

第二，编造广泽尊王生前孝行和成神后的助孝行为。在关于广泽尊王生前的美德故事中，他被塑造为一个善良懂事、孝顺父母的孩子。戴寿松所作《郭山歌》云："昊天不吊丧严君，母子相对增凄楚。千金难博买山钱，有亲未葬空延伫。何来老父发幡然，掀髯道旁相与语。为怜至孝感路人，佳壤牛眠真示与……艰难风雨穿幽宅，一坏从此妥先灵……帝曰：嗟尔下土有孝子，……亟命巫阳下召之……不愿生天愿在地，家有老母倚孤儿。奈何帝命不可弃，古藤坐逝泪涟洏。"[1]不仅有"葬父"和"奉母"的孝行，连其登山坐化之举，也被神话为"帝命难违"的不得已行为。不唯如此，广泽尊王在成神以后，也常常帮助有孝行的人们。这种美德故事很多。例如，"同治二年癸亥（1863），秋仲谒茔，有惠安张姓者，沿途三步一跪，到庙虔祝，僧问之，曰：'老母患病三年，百药罔效，某呼泣不已，乃斋戒祈王，愿以身代。

---

[1]　戴凤仪纂：《郭山庙志》，中国文联出版社，1999，第116—117页。

是夜，梦王持药丹二枚令母吞之，夙病遂痊。某日夜思维，无以报王，故借此以展微忱。'按：王本孝子为明神，彼四方之祷亲安者，直是以孝感孝耳！故视他事响应较捷。迩来谒墓时三步一跪者，仆数难终想沐恩者多，故输诚者众也"。又如，"光绪七年辛巳（1881），诏安梅州村廪生吴是春字晓亭，因母沉疴日久，到庙虔祷，欲求确有所验，掷得第三十六签，有'晓来鹊噪绕檐飞'之句，如呼其字，吴稽首若崩厥角。是夜，母忽梦王与后土神以手点其额，汗出如雨，醒时沉疴顿解。及吴归家，其母已霍然起矣。后值谒墓年，吴躬谒荐馨，尝自述其响应之由云"。①

第三，创立祭祀活动——八月祭墓。所祭之墓，是广泽尊王父母的墓。民国《南安县志》记载："王之父母墓在安溪崇善里河内乡，形胜极佳，与郭王庙并称吉地。王间数岁一祭封茔，四方士女景从甚众，亦孝思与王灵所感动也。"②每三年一次，逢寅、巳、申、亥仲秋，择定吉日，舁广泽尊王神像去祭其父母的墓。在祭墓中，尊王展现了孝亲的神迹："光绪七年辛巳（1881），

_____

① 戴凤仪纂：《郭山庙志》，中国文联出版社，1999，第179—180页。
② 戴希朱总纂：《（民国）南安县志》上册，南安县志编纂委员会，1989，第174页。

凤仪与祭封茔，见王像眼中有泪痕，问诸父老，乃知每次祭茔皆有之，盖孝思所迫也。此可以劝天下万世之为人子者矣。"[1]广泽尊王还通过保护父母的墓地，展现自己的孝行。例如，"乾隆初年，有近茔某姓者，将封茔圣旨碣乘夜埋没，以为图占风水计。翼（翌）早，王即降乩，鸠集里人，迅速抵茔。比至，里人寻碣不见，扶乩者忽向茔下深泥中以剑铲之，果获其碣，遂封竖焉"。又如，"同治十一年壬申（1872），有某姓贪封茔形势绝佳，私瘗亲骸于茔首。一日，王忽乩示：'私瘗处令里人铲去，以警（儆）效尤。'於戏！王之孝思不匮，上天尚且感动，宵小敢如此生心想，王律必有以处之也"。[2]至于广泽尊王的信众们，从清道光年间开始，每到祭祀的时间——农历八月，都会从四面八方赶来，在墓前焚香祭拜，盛况空前——"尊王谒祖奉蒸尝，封冢萧萧绕白杨。行人如织献椒芰，顶礼瓣祝遍十方。载道箫鼓音锵锵，或策颠马或牵羊"。[3]信民创立八月祭墓的祭祀活动，主要是为了说明，尽管广泽尊王夭折，但因为他的忠孝行为，而使自己的父母得到许多人的祭

---

[1]　戴凤仪纂：《郭山庙志》，中国文联出版社，1999，第177页。

[2]　戴凤仪纂：《郭山庙志》，中国文联出版社，1999，第177页。

[3]　戴凤仪纂：《郭山庙志》，中国文联出版社，1999，第130页。

拜，弥补了其生前不能尽孝的遗憾，正如诗云："龙衣凤冕供当中，富贵神仙品望崇。万世王侯消受得，天怜孝子报丰隆。""瓜期祭扫荐椎牛，万姓追陪礼意周。至孝莫如天下养，半生余憾补千秋。"① 质言之，这是一种"大孝"，戴凤仪在《谒郭太王、太妃封茔记》中，也明确指出了八月祭墓的意义："士女知与祭封茔，未必知此事之大关名教也；知虔祝尊王，未必知尊王皆一孝做成也……窃叹常人之孝在一率天下人以飨亲，孝更大也。"②

通过民间造神力量在以上三个方面的持续努力，广泽尊王的形象逐渐由"忠"到"忠孝"。信众服膺和颂扬广泽尊王，更多的也是由于其孝行，这从郭山庙内的匾额即可窥见一二，如"大孝尊亲""灵通忠孝""圣神仁孝""孝德覃敷""以孝感天""孝德流徽"③，等等。

---

① 戴凤仪纂：《郭山庙志》，中国文联出版社，1999，第143页。
② 戴凤仪纂：《郭山庙志》，中国文联出版社，1999，第104—105页。
③ 戴凤仪纂：《郭山庙志》，中国文联出版社，1999，第166—169页。

三、灵验传说：地方与移民保护神

"崇德"与"报功"构成了民间信仰的双翼结构，若失一翼，则该信仰传之不久。福建地区的神明数量众多，如果只有忠与孝的美德故事，而没有灵验传说，广泽尊王是很难在激烈的竞争中取胜的。与其有关的灵验传说，早在王胄《郭山庙记》中即有所体现："生而英异，化而神灵。上则为国保障，佐时太平；下则为民休庇，相世荣达。御灾孚佑，福善祸淫，消水旱之灾，屏盗贼之患，利国安民，周且悉，悠且久，所谓聪明正直者也。"[①]从中可以看出，广泽尊王是以地方保护神的形象出现的，其灵验传说主要体现在抵御寇盗、消除水旱等灾害和驱瘟除疫三个方面。

先看抵御寇盗。林国平教授曾论："古代福建相对于中原地区，大规模战乱较少，但小规模的战乱、各种盗贼的骚扰，还是相当频繁发生的，对百姓的生命和财产的危害也不小。"[②]所谓"寇盗"，大部分是指农民起义，

---

① 戴凤仪纂：《郭山庙志》，中国文联出版社，1999，第90页。
② 林国平：《闽台民间信仰源流》，人民出版社，2013，第16页。

也包括兵变、海盗等情形。朱维幹先生云："兵变在宋代是常有的。从靖康元年到建炎二年（1126—1128），福建路有三次兵变，此外还有两次的外地变兵入境。"[1]福建民众把那些为保卫乡里而献出生命的英雄奉为地方保护神。如建阳县"洪山庙，在洛田里。按庙碑，神姓朱，名邦式。唐末，盗贼蜂起，神率乡人捍御之，因战而死，乡人为立庙。元至正十九年（1359）重修"。[2]在《八闽通志·祠庙》记载的119位神灵中，具有或兼有御寇弭盗职能的就有40位。[3]可以说，唐宋时期福建境内的"寇盗"活动，是福建民间信仰产生的重要社会因素，广泽尊王的灵验传说中有不少与抵御寇盗相关。例如，《八闽通志》记："宋建炎中（1127—1130），寇逼近境，民祷于神。一夕，大雨溪涨，寇不能渡。有衣白衣乘白马者，诱贼他去，攻具漂荡殆尽，贼亦多溺死，邑以无事。绍兴间，赐今额，累封广泽孚惠忠应侯。"[4]又如，《尊

---

① 朱维幹：《福建史稿》，福建教育出版社，2008，第273页。

② ［明］黄仲昭修撰：《八闽通志》（修订本）下册卷之五十九《祠庙·建宁府建阳县》，福建人民出版社，2006，第529—530页。

③ 见林国平、彭文宇：《福建民间信仰》，福建人民出版社，2001，第17—25页。

④ ［明］黄仲昭修撰：《八闽通志》（修订本）下册卷之五十九《祠庙·泉州府南安县》，福建人民出版社，2006，第537—538页。

王近事纪闻》所录三则：其一，"咸丰三年癸丑（1853），
剿平同、厦×匪事，详请加封号册"。其二，"咸丰
三年四月，土匪××陷永春州、王灵保护事，详在册中。
七年，贼势再张与！翼日，众×到郭山庙祈王默助。
卜筊，弗许。再叩成败，签内有'树倒花残势自倾'之句，
金曰：'王助顺不助逆，×此去无生理矣。'果至仁寿桥，
中弩而死，余党亦歼灭无余"。其三，"同治六年丁卯
（1867），剿灭×匪事，详在册中，及翁廉访碑记"。①
再如，《尊王近事纪闻》记载了广泽尊王与泉州另一神
祇清水祖师阵前显灵的传说："光绪十年甲申（1884），
法夷滋扰，台北军门孙开华守沪尾，血战迭胜。自晨至暮，
敌人开花炮子如雨，无一中伤者。居民咸见郭圣王与清
水祖师阴兵助顺，漫天烟雾中，隐隐有神旗森列云。"②
　　再看消除水旱灾害和驱除瘟疫。汪毅夫先生曾论：
"自然灾害是自然致灾因素对人类社会造成的危害。自
然灾害的发生和发展往往表现了一定程度的突发性、不
可抗力和破坏力。面对自然灾害长久的威胁和不断的袭
击，防灾、抗灾、减灾乃是人类社会长久的愿望和不断

①　戴凤仪纂：《郭山庙志》，中国文联出版社，1999，第177—178页。
②　戴凤仪纂：《郭山庙志》，中国文联出版社，1999，第178页。

的努力。将防灾、抗灾、减灾的愿望寄诸神明，属于
消极的努力。这种努力的结果之一是：民间信仰产生了
同自然灾害相关的情节。"[1] 历史上，福建自然灾害多
发。[2] "在古代，人们抵抗自然灾害的能力相当有限，
加上官府的赈灾措施不力，百姓面对各种自然灾害，只
好求助于各种超自然力量，赋予神灵消除旱灾、水灾和
瘟疫的职能。"[3] 据林国平教授统计，在《八闽通志·祠
庙》收录的一百多位民间俗神中，主要职能是祈雨、祈
阳、祈风涛、驱疫疠的神灵有 69 个。[4] 不少民间神祇
都有祛除灾难的灵验传说，广泽尊王亦然。例如，消除
旱灾："同治三年甲子（1864），泉永大旱，川谷如焚，
田禾胥稿。郡守章公倬标率邑令到庙祷雨，未回车，而
甘霖大沛。章公乃恭竖'云霓慰望'匾额，以彰王灵。"[5]
又如，消除水灾："光绪元年乙亥（1875），福州省
垣水涨丈馀。士民素敬奉王，至此皆呼王拯救，俄而水

① 汪毅夫：《金门：自然灾害的历史纪录与民间信仰的特异情节》，载氏著：
《中国文化与闽台社会》，海峡文艺出版社，1997，第 138 页。
② 见诸仁海主编：《福建省志·气象志》附录二《500 年来福建主要气
象灾害》，方志出版社，1996，第 205—263 页。
③ 林国平：《闽台民间信仰源流》，人民出版社，2013，第 13 页。
④ 林国平：《闽台民间信仰源流》，人民出版社，2013，第 13 页。
⑤ 戴凤仪纂：《郭山庙志》，中国文联出版社，1999，第 178 页。

退，王复乩示经文以劝世，人心为之感动。"[1] 再如，消除火灾："光绪四年戊寅（1878），议修王庙，住持僧玉洁、清秀等奉王香火到福省募捐，寓黄封翁位中茶栈，王乩示云：某日厨房将火，务须小心。是日果火，人望见有衣红衣者在屋上行，亟吁于王，火遂熄。"[2] 有关广泽尊王所具有的驱除瘟疫职能，亦引三则光绪年间的灵验传说如下：其一，"光绪三年丁丑（1877），泉郡大疫。绅民甚恐，迎王到开元寺荐馨，王乩示禳疫文，不数日而疫止。郡人德之，乃塑王像于开元东偏，以永其崇奉"。[3] 其二，"光绪初年，南邑治内疫作，迎王到城隍庙禳之，其应如响，因崇祀焉。十年甲申（1884），近县诸乡疫复作，乡民祈王保佑，灵旗到一乡，则疫气止一乡。嗣是远近争先供奉，疫遂全平"。[4] 其三，"光绪二十二年丙申（1896）四月，泉郡鼠疫流行，染者逾时毙命，绅民惶骇，祷神罔应，亟迎王到天后宫禳之，初至疫渐退，逾旬悉平。已而传染郭外诸乡，王灵旗所到，秽瘴胥空，郡人感再造之恩，故献联匾，有'疾痛呼如

① 戴凤仪纂：《郭山庙志》，中国文联出版社，1999，第178页。
② 戴凤仪纂：《郭山庙志》，中国文联出版社，1999，第178页。
③ 戴凤仪纂：《郭山庙志》，中国文联出版社，1999，第179页。
④ 戴凤仪纂：《郭山庙志》，中国文联出版社，1999，第179页。

父母'句云"。①值得注意的是，第三则中有"祷神罔应"之语，意为其他神明在驱除瘟疫方面并不灵验，从中颇能看出些神祇竞争的意味。在台湾，也有广泽尊王除瘟的传说："广泽尊王于台湾流行瘟疫时，曾以部下五万替代民众受难，救济人民。"②

应当说，广泽尊王灵验传说的三个方面，是与古代福建的区域社会特征相契合的——林国平教授就曾指出："与旱涝、瘟疫和寇盗这三种古代福建主要灾害相联系，福建民间俗神中具有消除这三大灾害职能的神灵占绝大多数。"③灵验传说紧贴所在区域信众日常生活需求，这是广泽尊王信仰勃兴的重要原因。

明朝中叶以后，闽南地区人稠地狭的矛盾日益突出，当地不少居民受生活所迫，纷纷背井离乡，开始向外移民。广泽尊王也从地方保护神变为移民保护神，其信仰伴随移民的迁徙，传播到了移居地，成为维系移民群体的精神纽带。

先看台湾地区的情况。日人增田福太郎在《台湾宗

---

① 戴凤仪纂：《郭山庙志》，中国文联出版社，1999，第179页。
② （日）增田福太郎著：《台湾宗教信仰》，黄有兴译，东大图书股份有限公司，2005，第154页。
③ 林国平、彭文宇：《福建民间信仰》，福建人民出版社，2001，第25页。

教信仰》一书中指出："此神[1]有各种灵验，泉州人（尤
其是郭姓）、漳州人均祀之。据传说特别对出外谋生者
具有灵验。台湾人所祭的神，仅此神安奉于小箱，盖为
渡台携带方便之故。"[2]他在 1936 年访问台南市永乐
町三丁目之庙时，曾看到门板刻有"凤山寺玉敕忠应侯
惠威成武英烈保安广泽行台"。[3]台湾奉祀广泽尊王的
庙宇很多。据陈梅卿博士 20 世纪 90 年代中期的调查，
仅主神为广泽尊王的庙宇就有如下 70 座：[4]

	宫庙名	地址	创立年代
1	圣德宫	台北市万华区长顺街 45 号	1986 年
2	幸龙宫	台北县汐止镇勤进路 600 号	1980 年
3	凤山寺	台北县板桥市仁化街 181 号	1945 年
4	保安宫	台北县土城市永宁路 29 号	1977 年
5	保安宫	台北县三峡镇安坑里建安路 91-1 号	1971 年
6	鸿抚宫	桃园市龙山里鸿抚街 3 巷 1 号	1894 年

---

[1]　指广泽尊王。

[2]　（日）增田福太郎著：《台湾宗教信仰》，黄有兴译，东大图书股份有
限公司，2005，第 152 页。

[3]　（日）增田福太郎著：《台湾宗教信仰》，黄有兴译，东大图书股份有
限公司，2005，第 156 页。

[4]　陈梅卿：《说圣王·道信仰：透视广泽尊王》，台湾建筑与文化资产
出版社，2000，第 24—28 页。笔者引用此表时略作精简。

续表

	宫庙名	地址	创立年代
7	镇抚宫	桃园市清溪里镇抚街 43 号	1880 年
8	福元宫	桃园市忠义里福元街 246 号	1890 年代
9	保安宫	桃源县大园乡沙崙村 12 邻 38 之 1 号	1947 年
10	同兴庙	宜兰市中山路 241 号	不详
11	庆安宫	宜兰县壮围乡东港村廓后路 36 号	清道光年间
12	保安庙	宜兰县壮围乡吉祥村古结路 45 号	1890 年代
13	凤山庙	宜兰县头城镇合兴路 66 号	清末
14	福安宫	宜兰县罗东镇西安街 2 号	1953 年
15	幸山寺	新竹市南港街 101 巷 5–1 号	1991 年
16	广和宫	新竹县新埔镇新民里中正路 406 号	1859 年
17	保安宫	新竹县竹北市中正西路 266 号	1820 年代
18	广泽宫	苗栗县竹南镇开元里 5 邻 3 号	1980 年代
19	广元宫	台中县大安乡龟壳村 9 邻 2 之 1 号	1980 年代
20	保安宫	台中县大安乡松雅村 6 邻松子脚 59 号	1977 年
21	浦山寺	台中县清水镇中山路 470 号	不详
22	保安清宫	台中县清水镇顶三庄路 9 号	1967 年
23	保安宫	台中县清水镇桥头里高美路 107 巷 19 之 14 号	不详
24	护安宫	台中县沙鹿镇中山路金星 1 巷 63 号	1772 年
25	竹林里保安宫	台中县沙鹿镇竹林里中山路 76 巷 13 号	1963 年
26	清泉里保安宫	台中县沙鹿镇清泉里东海路 2–10 号	1963 年
27	公明里保安宫	台中县沙鹿镇公明里中清路信义巷 6 之 1 号	1960 年
28	广泽宫	台中县大雅乡六宝村清阳路 6 号	1852 年

续表

	宫庙名	地址	创立年代
29	保安宫	台中县新社乡新七村 36 号之 1	1960 年
30	保安宫	南投县埔里镇合成里西安路 3 段 363 巷 8 号	1959 年
31	保安宫	彰化县鹿港镇郭厝里永丰路郭厝巷 57 之 1 号	1725 年
32	凤山寺	彰化县鹿港镇德兴街 26 号	1780 年
33	圣神庙	彰化县鹿港镇民族路 54 号	1870 年
34	凤山寺	云林县土库镇宫北里中山路 225 号	1635 年
35	西罗坛	嘉义县大林镇中山路 17 巷 1 弄 1 号	1970 年
36	广泽尊王宫	嘉义县大林镇明华里湖底 115 号	清朝时期
37	太原宫	嘉义县梅山乡圳北村麻园寮 9 号	清朝初年
38	凤山宫	嘉义县义竹乡溪洲村 20-1 号	1677 年
39	西罗殿	台南市西区和平街 9 号	清康熙年间
40	永华宫	台南市中区府前路 1 段 196 巷 20 号	1662 年
41	凤山宫	台南市北区公园路 595 之 27 号	不详
42	永镇宫	台南市安南区本田街 2 段 300 巷 301 弄 20 号之 1	1900 年
43	广泽尊王宫	台南县白河镇竹门里 12 邻竹围 3 号	不详
44	永隆宫	台南县北门乡永隆村 44 号	清朝末年
45	广安宫	台南县将军乡广山村 97 号	1840 年
46	龙安宫	台南县七股乡大寮村 76 号	约 1846 年
47	保安宫	台南县西港乡永乐村大埕寮 123 号	不详
48	汾阳殿	台南县西港乡竹林村 80 号	1973 年
49	竹头崎凤山寺	台南县南化乡玉山村 5 邻 69 之 2 号	1873 年
50	凤山寺	台南县南化乡小崙村 5 邻 55 号	1906 年
51	圣王宫	台南县南化乡玉山村 1 邻 7 号 5 之 1	1966 年

续表

	宫庙名	地址	创立年代
52	凤山寺	高雄市旗津区旗津二路 257 号	1984 年
53	三龙宫	高雄市前镇区向荣街 17 号	1979 年
54	通安宫	高雄县梓官乡信蚵村通安路 305 巷 30 号	1869 年
55	凤山寺	高雄县大树乡檨脚村实践街 14 号	1890 年代
56	保安宫	高雄县大树乡大树村大树 71 号	1856 年
57	镇安宫	高雄县大树乡大坑村 2 邻 18 号	1856 年
58	保安寺	高雄县大树乡溪埔村溪城路 4 巷 222 之 1 号	1890 年代
59	西罗殿	高雄县大寮乡三隆村三隆路 242 号	清朝时期
60	保安宫	屏东县长治乡繁荣村荣华三街 13 号	1969 年
61	慈峰宫	屏东县新园乡港墘村 30 号	1995 年
62	凤山寺	屏东县万丹乡加兴村 59 之 39 号	1846 年
63	如王宫	屏东县万丹乡加兴村 82 号	1978 年
64	尊王宫	屏东县潮州镇永春里光春路 163 号	1957 年
65	广泽宫	屏东县枋寮乡新龙村义民路 227 号	1958 年
66	五龙寺	屏东县枋寮乡地利村复兴路 167 号	1972 年
67	凤安宫	屏东县枋山乡枋山村中山路 168 号	清朝时期
68	广济寺	屏东县车城乡保力村山脚路 1 之 100 号	不详
69	南山指西宫	屏东县恒春镇南湾里和平巷 60 号	1980 年
70	幸山寺	屏东县琉球乡本福村民族路 36 号	1970 年代

　　除了以上的庙宇，"尚有信徒团体私设神坛礼拜广泽尊王。有些神坛乩童定期开坛，有些乩童则不定期开坛问事，部分神坛不愿对外公开，仅供自己的亲友礼

拜"。① 据陈梅卿博士实际访谈，这样的神坛共有65坛。②

再看国外的情形。关于广泽尊王信仰在海外传播的情况，学界先进已有论述。③ 此处着重说明两点。第一，与闽台地区其他神明不同，自清以降，广泽尊王的神迹中就一直有"尤庇远人"和"瞬息千里"的特点。灵验传说所涉及的地点，远一点的，是厦门："光绪五年己卯（1879）五月，厦门疫作，有绍兴袁某者，海关吏也，素奉王甚虔，一日吐泻，昼夜不醒人事，忽见王乘辇，随行者各执木棍，内一人呼云：'郭圣王至。'有一蓬头妇从房中出，疾趋案下，王责云：'尔何故为祟？'妇叩头求免，王令左右治罪，且云：'如敢再扰，决不容赦！'妇去，王亦回辇。袁醒后，汗流颊（浃）背，大病若失。迨谒莹时，袁感王深恩，由厦抵庙，三步一

---

① 陈梅卿：《说圣王·道信仰：透视广泽尊王》，台湾建筑与文化资产出版社，2000，第31页。

② 陈梅卿：《说圣王·道信仰：透视广泽尊王》，台湾建筑与文化资产出版社，2000，第31—34页。

③ 见李玉昆：《广泽尊王信仰及其传播》，《世界宗教研究》1997年第3期；李天锡：《广泽尊王信仰在华侨华人中的传播和影响》，《华侨大学学报（哲学社会科学版）》2004年第3期。

跪，亦自述其灵响如此。"① 再远一点的，是四川："光绪三年丁丑（1877）九月，有二人衣裳迥异，言语不通，到庙荐裸维虔，流连弗去，夜宿山头塔脚，主人诘之，因以笔代舌曰：'我蜀人也，家居摩天岭下，距闽七千余里，旧年瘟疫，呼吁无门，因设坛祷神，忽有神降鸾，称福建泉州郭山庙广泽尊王，感汝精诚，特来保护，蒙示灵药并御疫法，疫遂止，是举家性命皆王再造也，故不惮梯山航海而来。'"② 更远的，则到了菲律宾："光绪六年庚辰（1880），僧清秀等奉王香火，远渡吕宋募捐，侨于叶家声栈，适珉地③ 大震，楼屋倒塌，夷人死者以千计，华商亿万人皆安然无恙。当大震时，市人望见有骑白马者手麾黄旗，往来镇压，所至之地，震立止，而叶栈垣墉不固，势所必倾，亦获保全，咸以为王佑云。嗣是华商怂恿需资，一日酿八千馀金，庙遂得重新。"④ 第二，广泽尊王信仰不仅在古代福建向外移民活动中发挥了作用，而且在现代移民中，仍然扮演着重要角色，成为一代又一代华人华侨的精神寄托，亦不断有新的灵

① 戴凤仪纂：《郭山庙志》，中国文联出版社，1999，第180页。

② 戴凤仪纂：《郭山庙志》，中国文联出版社，1999，第180页。

③ 珉地，指马尼拉，菲律宾首都。

④ 戴凤仪纂：《郭山庙志》，中国文联出版社，1999，第178—179页。

验传说产生。例如，新加坡裕廊凤山寺正秘书林清和曾述："我有三个姐姐，小时候个个身体都很健康。我父亲叫林财旺，在六十年初，我父亲把旧房子扩建，完工后，我们很高兴地住进新房。可是，不久后我的三个姐姐莫名其妙地连续生病，也不知得了什么病，四处求医问药均无效，而且越发严重，钱又花完了，三个可怜的姐姐躺在床上奄奄一息，情况十分不妙，我母亲更是心急如火。时值农历十五日晚，我母亲拿了一束香到我家巷口的裕廊凤山寺求圣王庇佑，当晚正是'补运'的时候，等候'补运'的人又特别多，排着长长的队伍，我母亲只好排在后面。'补运'一开始，乩童在扶乩起来后，马上拿起黑令旗说：'吾要到林财旺弟子家中，林财旺弟子家中有难。'我母亲在队伍的后面听到了此话后，赶快跑回家中准备香案迎圣驾。乩童一到，就把黑令旗插在屋前，开坛办事。查明后，知道是扩建房屋时触犯了'地主神'，于是，圣王就派了符纸和金纸烧给'地主'，又派了三帖符给三位姐姐吃，黑令旗不收，一直插在屋前。结果，不到三天，我的三个姐姐全病愈了。"①

_____

① 梁毅编：《敕封广泽尊王史料选辑——郭忠福》，新加坡南安会馆凤山寺，1996，第49—50页。

又述："我裕廊凤山寺第三届理事会（1993—94 年）的查账员李德荣先生。小时候，因和表弟在玩耍时，不慎被表弟打到头部，变成了不能讲话，其母焦急万分，多方医治均无好转。一日，其母带着香烛前往裕廊凤山寺求广泽尊王保佑，回到家中时，却发现她的孩子已经会讲话了。"①

四、结语

本章运用"双翼结构"理论，从美德故事和灵验传说两个方面入手，分析了广泽尊王郭忠福由人至神的过程，特别是其忠孝一体形象的形成过程以及作为地方和移民保护神的灵验传说。从中可以得出以下结论：第一，"民间信仰是世俗化的，因而其'神道设教'之种种说法和做法往往具有拟人化和随意性的特点。"② 这

① 梁毅编：《敕封广泽尊王史料选辑——郭忠福》，新加坡南安会馆凤山寺，1996，第 50 页。
② 汪毅夫：《从福建方志和笔记看民间信仰》，载氏著：《闽台缘与闽南风》，福建教育出版社，2006，第 156 页。

在信众编排广泽尊王美德故事和灵验传说中体现得尤为明显，比如其娶妻生子，又如其神迹在海外显现，等等。第二，"利用民间信仰随意随俗的走向来引导民间信仰，使合于'良法美意'，这在古之闽、台两地也有颇多事例"。[①] 通过对广泽尊王的形象进行塑造，树立"忠孝"的地方风教，是中国传统社会中民间自我管理的一种途径。此外，通过编排广泽尊王抵御寇盗、消除水旱灾害和驱除瘟疫的灵验传说，可以起到安抚民心、稳定地方秩序的作用。第三，"信民并非仅仅对神明的灵验传说津津乐道，对神明的美德亦念念不忘，甚至有意编造和编排神明生前乃至死后的美德故事；信民并非仅仅相信神明有实利实用的功效，还服膺'人神共钦'的美德和'善有善报'的道理；信民祭神，并非尽出于'报其功'，间或也由于'思其德'"。[②] 从信民编造和安排广泽尊王孝行的情节，可以看出民间信仰的道德取向。诚然，中国宗教的"敬德"精神，早在上古便已开始被"媚于

---

① 汪毅夫：《随意随俗的走向与闽台民间信仰的共同进步》，载氏著：《中国文化与闽台社会》，海峡文艺出版社，1997，第 91 页。
② 汪毅夫：《"崇德报功"与妈祖信仰的双翼结构》，载氏著：《闽台历史社会与民俗文化》，鹭江出版社，2000，第 63 页。

神以求私福"的退堕势力侵袭。[①] 直至现代社会，媚神求私的情形仍在存在，民间信仰中"崇德"的核心价值难免被遮蔽。但正如学者潘朝阳所言："太阳为乌云所遮，但不能因此便谓已无太阳，退堕势力或如乌云，而'敬德'毕竟仍是太阳。"[②] 我们应当运用"双翼结构"辩证看待民间信仰，充分肯定其道德取向，避免片面地认定民间信仰只存在"灵验本位"和"实用实利"。

---

① 见傅佩荣：《〈诗经〉〈书经〉中的天帝观》，载氏著：《儒道天论发微》，中华书局，2010，第19—57页；并参阅蒲慕州：《追寻一己之福——中国古代的信仰世界》，上海古籍出版社，2007。

② 潘朝阳：《台湾汉人通俗宗教的空间与环境诠释》，厦门大学出版社，2008，第63页。

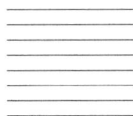

第四章

由鬼至神
瘟神五帝信仰

一、引言

瘟神信仰是闽台祠神信仰的一种特殊形态。这一信仰的产生，与闽台地区的自然、社会、历史等条件紧密相关。"瘟"又称"瘟疫"、"疠疫"等，指急性传染病之总称，包括鼠疫、霍乱、疟疾等病症。古人认为，瘟疫流行，是瘟神、疫鬼作祟的结果。汉刘熙《释名·释天》云："疫，役也，言有鬼行疾也。"王充在《论衡》中记载了疫鬼的传说，说颛顼氏有三个儿子，死后变成疫鬼，一人居江水，是为疟鬼；一人居若水，是为魍魉鬼；一人居宫室及阴暗肮脏的地方，专门惊吓小孩。实际上，至迟在西周时期，百姓就对疫鬼产生极大的恐惧，经常要举行"大傩"仪式，驱逐疫鬼，可见瘟神信仰由来已久。福建地处亚热带，气候炎热潮湿，在古代福建，瘟疫经常流行。汉代淮南王刘安称福建为"呕泄霍乱之区"，直到唐宋时期，闽南地区仍被外省人视为"瘴疬春冬作"的是非之地。有关瘟疫流行、死者枕藉的记载在古代福建方志中随处可见，仅道光《重纂福建通志》记载的唐贞元六年（790）至清道光三年（1823）发生的"大疫"就超过30次，至于中小瘟疫的发生次数要数倍甚至数十倍于此。尽管古代中医相当发达，但对瘟疫这一急性传染病却束手无策，一旦染病，十有九死，百姓极端恐惧，惶惶不可终日。所以瘟疫一旦发生，人们"谈瘟色变"，常常舍医药而就鬼神，纷纷到瘟神庙祈禳，或延请巫师到家中跳神驱邪，希冀借助超自然的力量来消弭瘟疫，逢凶化吉。[①] 台湾则一向被视为瘴疬之区。明清时期，闽人大批移民台湾，由于水土不服，疫疬大作，病者十之八九，死者甚多。直至清代后期和民国时期，台湾的瘟疫仍时常发生，有关方志记载的大瘟疫尚有二十多次，死亡人数数以万计。[②] 特殊的地理环境使闽台地区的瘟神信仰特别发达。闽江流域属于五

---

① 林国平：《闽台民间信仰源流》，人民出版社，2013，第92页。
② 林国平：《闽台民间信仰源流》，人民出版社，2013，第96页。

帝系统，闽南和台湾地区的瘟神被称为"王爷"。①

在福建传统的迎神赛会活动中，最为重要的当属"出海"，或称"六月会"。所谓出海，是每年夏末秋初，由福州城内五帝庙所举行的驱瘟活动。刘萃奎《福州竹枝词》："未必瘟神擅降殃，但闻举国尽如狂。长街伐鼓船糊纸，请相还兼出海忙。"② 郑丽生《请将游村》："游人如沸著如燻，六月迎傩社会繁，上殿昨夸才请将，今晡西涧又游村。"③ 福州鼓楼民谣《请神游街》亦云："锣鼓唢呐动街坊，六月迎神闹纷纷，上殿昨晚才请将，西涧今夜又游乡。"④ 汪毅夫先生曾指出，出海与普度是"福建民间信仰最为重要的活动，如丁绍仪《东瀛识

---

① 瘟神信仰约在明清之际随汉族移民传入台湾。黄叔璥《台海使槎录》云："三年王船备物建醮，志言之矣。及问所祀何王？相传唐时三十六进士为张天师用法冤死，上帝敕令五人巡游天下，三年一更，即五瘟神；饮馔器具悉为五分。外悬池府大王灯一盏，云伪郑陈永华临危前数日，有人持柬借宅，永华盛筵以待，称为池大人，池呼陈为角宿大人，揖让酬对如大宾；永华亡，土人以为神，故并祀焉。"见［清］黄叔璥：《台海使槎录》卷二，台湾银行经济研究室编印台湾文献丛刊第 4 种，中华书局（台北），1957，第 45 页。

② 刘萃奎：《琼台吟史诗初编·餐荔社集》。引自郑丽生辑：《福州竹枝词》，载氏著：《郑丽生文史丛稿》，福建人民出版社，2009，第 473 页。

③ 郑丽生：《福州风土诗》，福建人民出版社，2012，第 102 页。

④ 福州鼓楼区民间文学三集成编委会：《中国歌谣集成福建卷·福州鼓楼区分卷》，福州鼓楼区民间文学三集成编委会，1989，第 90 页。

略》（1873）所谓'最重者，五月出海，七月普度'"。[①]
清人郭柏苍云：

> 凡涧殿皆入例禁，愚民恐官拆除，多牓武
> 圣为名，指神为关、张、刘、史、赵五姓，称
> 曰"五帝张爷居中"。稍有人形谓之劝善，左
> 右四神状皆丑恶。乡曲无赖酿钱出贷，以备赛神，
> 名曰"香会"，本轻利重，负则群殴之，鬻妻
> 质子不敢背。值五六月间，导神出游，曰"请相"，
> 纸糊替身，怀于各神鬼襟带之间，再游为游村，
> 末则驱疫，曰"出海"，剪采为舟，备食息起
> 居诸物，并神鬼所请之相纳于舟中，鼓噪而焚
> 于水次，以祭祀毛血贮木桶中，数人负之而趋，
> 谓之"福桶"。行者避之。[②]

传教士卢公明记：

---

① 汪毅夫：《"闽人佞鬼风俗"之分析》，载氏著：《闽台历史社会与
民俗文化》，鹭江出版社，2000，第80页。
② ［清］郭柏苍纂：《乌石山志》卷之三《寺观》"南涧报国寺"条，
海风出版社，2001，第76页。

福州地区有无数为组织迎五帝巡游而成立的香会，这些香会多半依附于某个五帝庙，每年募集足够的资金购买纸船，抬着纸船游行，然后把从大街小巷中捉来的疫鬼都装在船中送出海。①

近人胡朴安记：

> 俗称瘟鬼曰大帝，设像五，皆狰狞可畏。过其前者，屏息不敢谛视。又传五月初五为神生日，前后月余，演剧各庙，无虚日。或疫气流染，则社民争出金钱，延巫祈祷。②

本章将讨论五帝信仰的由来、五帝本土化的过程、正统化的努力和五帝祠庙的分布等问题，探究其由散布瘟疫的鬼到能够制服瘟疫的神这一过程。

---

① （美）卢公明著：《中国人的社会生活》，陈泽平译，福建人民出版社，2009，第151页。

② 胡朴安：《中华全国风俗志》上编卷四《福建二》，上海科学技术文献出版社，2008，第126页。

二、五帝信仰的由来

明人谢肇淛在《五杂组》卷之六中曾提及闽人供奉瘟神的情形：

> 闽俗最可恨者，瘟疫之疾一起即请邪神，香火奉事于庭，惴惴然朝夕拜礼许赛不已。一切医药，付之罔闻。不知此病原郁热所致，投以通圣散，开辟门户，使阳气发泄，自不传染。而谨闭中门，香烟灯烛，熏蒿蓬勃，病者十人九死。即幸而病愈，又令巫作法事，以纸糊船，送之水际。此船每以夜出，居人皆闭户避之。余在乡间夜行，遇之辄径行不顾。友人醉者至，随而歌舞之，然亦卒无恙也。[①]

同书卷之十五又记：

> 万历庚寅（1590）、辛卯（1591）间，吾

---

① ［明］谢肇淛撰、傅成点校：《五杂组》卷之六《人部二》，上海古籍出版社，2012，第113页。

郡瘟疫大作，家家奉祀五圣甚严。郑（郑翰卿）知其妄也，乃诈箕降言陈真君奉上帝敕命，专管瘟部诸神，令即立庙于五圣之侧，不时有文书下城隍及五圣。愚民翕然崇奉，请卜无虚日。①

谢肇淛所记表明：首先，至少在明代，福建已有瘟神信仰存在；其次，在福州人的心目中，最早是把五帝当作散布瘟疫的鬼来看待，而后又将其视作能够制服瘟疫的神仙来奉祀。

对早期五帝供祀较为系统的记载，见于清初海外散人之《榕城纪闻》。其文云：

（崇祯十五年，1642）二月，疫起。乡例祈禳土神，有名为五帝者。于是，各社居民鸠集金钱，设醮大傩。初以迎请排宴，渐而至于设立衙署，置胥役，收投词状，批驳文书，一如官府。而五帝所居，早晚两堂，一日具三膳，更衣、晏、寝，皆仿生人礼。各社土神，参谒有期，

---

① ［明］谢肇淛撰、傅成点校：《五杂组》卷之十五《事部三》，上海古籍出版社，2012，第275页。

一出则仪仗车舆，印绶笺简，彼此参拜，有中军递帖到门走轿之异。更有一种屠沽及游手之徒，或扮鬼脸，或充皂隶，沿街迎赛，互相夸耀，继作纸舟，极其精致，器用杂物，无所不备，兴工出水，皆择吉辰，如造舟焉。出水名曰"出海"，以五帝逐疫出海而去也。是日，杀羊宰猪，向舟而祭，百十为群，鸣锣伐鼓。锣数十面，鼓亦如之。与执事者或摇旗，或扶舟，喊呐喧阗，震心动魄。当其先也，或又设一傩，纸糊五帝及部曲，乘以驿骑，旋绕都市四围。执香随从者以数千计，皆屏息于烈日中，谓之请相，及舟行之际，则疾趋恐后，蒸汗如雨，颠踬不测，亦所甘心。一乡甫毕，一乡又起，甚而三四乡、六七乡同日行者。自二月至八月，市镇乡村日成鬼国，巡抚张公严禁始止。（张公讳肯堂，号鲍渊，从事海上，镇宁波之舟山岛，辛卯年

（1651），舟山破，全家尽难。）①

　　以上记载中提到的"巡抚张公"，即明末福建巡抚张肯堂。文中说张肯堂号"鲍渊"，应为"鲵渊"之误。②张肯堂《禁左道榜》见载于吴履震的《五茸志逸》③

---

①　海外散人：《榕城纪闻》，载中国社会科学院历史研究所清史研究室编：《清史资料》第 1 辑，中华书局，1980，第 2—3 页。又，徐天胎在著作中曾提及这则史料。见徐天胎：《福建神道迷信》，载福建省政协文史资料委员会编：《文史资料选编·社会民情编（新中国成立前史料）》，福建人民出版社，2001，第 201 页。

②　张肯堂字载宁，号鲵渊，华亭人。生年不详，明天启进士。崇祯间，以右佥都御史巡抚福建。唐王入闽，加太子少保，王败死，复从鲁王于舟山，城破殉难，卒于清顺治八年（一六五一）。见饶宗颐初纂、张璋总纂：《全明词·张肯堂》，中华书局，2004，第 2673 页。

③　其文云："疫疬之作，固属天行。若夫死生大数，虽司命无如之何！岂因巫祷邪术，可以侥幸万一者。未有巫祟猖狂于白昼，冥船交鹜于通衢，擅设仪卫，牌窃巡狩，示号法王，如近日闽中风俗之恶者也。倘系邪神，则妖不胜正，斩伐淤潴，夫岂能逃。若其为正神也，上之不一言成功，去民甚远；下之御灾捍患，祀典有常，而顾甘巫觋之矫诬，耗愚民之赀蓄，徒博祭赛纷纭，钲鼓震耀，以供欺世惑民之假借，窃为其神羞之矣。总缘淫巫妖道，倡言蛊说，以至于此。无论为王法所必诛，正教所必辟，即为受病之人计，而冥幻恍惚其心神，叫嚣惊扰其耳目，绝汤药而勿御，禁酒肉而不亲，不速之死亡乎？尔民崇正即使保生，祛邪乃以遣病，毋听诱惑，自堕冥行。本院以提衡风俗为己任，此后有若等奸民，定行左道惑众之律，立置重典。且有西门豹、狄梁公、张忠定之故事在，本院自愧先贤，然见义之勇，亦所不敢让也。"［明］吴履震：《五茸志逸》卷五。转引自傅衣凌：《闽俗异闻录》，载氏著：《休休室治史文稿补编》，中华书局，2008，第 244 页。

清咸丰年间施鸿保说："福州俗最敬五帝，以为瘟疫之神。城中庙凡五处，东西南北中，皆称五涧五帝，姓则张、钟、史、刘、赵也。每五六月间，请五帝送瘟出海，谓之采莲。各涧轮或三日，或五日，具仪仗，四大爷、二爷，风水火神□等，巡行城内外。"①传教士卢公明则记：

> 五帝崇拜及其相关的迎神游行，构成了最荒诞奇特的偶像崇拜。关于五帝的来历，普通民众一无所知，知识阶层也所知甚少。……
>
> 关于五帝代表什么，各种说法最让人感到无所适从。有人解释说代表金、木、水、火、土五种基本的自然元素，又说也代表黄、绿、红、黑、白"五色"，有人认为还可以代表东、西、南、北、中的"五方"。下面这张表说明这些"五"之间的对应关系：

五帝姓氏	五色	五行	五方
张	黄	土	中

---

① ［清］施鸿保撰、郭白阳辑：《闽杂记补遗》卷五，福建省图书馆藏抄本，第12页。转引自徐晓望：《福建文明史》，中国书籍出版社，2017，第504页。

钟	绿	木	东
刘	白	金	西
史	红	火	南
赵	黑	水	北

　　这张对应表是一个十分活跃的道士向我提供的，也许可以代表比较普遍的意见。五帝在表中的顺序也表示他们之间的等级关系。为首的是张帝，其形象是个三只眼、红胡子的人，多出的一只眼长在额头上，表情快活。他的脸是金色的。根据理论，五帝的脸就应该是各自的代表色。但事实上，也并不总是如此。其余四位的形象都丑陋不堪，令人厌恶。一个口吻突出像猪，一个长个硕大无比的鼻子，一个眼皮翻红像个猴子，一个长个四角形的嘴，中间凸起像鸡喙。不同的庙里塑出的五帝形象不完全相同，似乎工匠们在造型和用色方面有很大的自由度。①

---

① 〔美〕卢公明著:《中国人的社会生活》，陈泽平译，福建人民出版社，2009，第149—150页。

卢公明描绘了五帝的形象，而关于五帝的来历，大致有两种说法。其一认为五帝来自江南的五通、五显。乾隆时期的进士阮葵生在《茶余客话》中记：

> 闽俗信鬼，家奉五帝，又名五显。康熙三十七年（1698），有一贱隶称五帝附身，大言欲游江南，需船二百只供应，一时愚民煽惑，计口敛钱，而尤刻于孕妇，派银倍之。其船虽以纸为之，而采缋鲜新，帆樯钲鼓，几案帘帷，种种备具。每船约费银三百两，送神迎神，举国狂惊。时总督郭公世隆闻之，缉造言贱隶，鞠之尽得其妄，即置之法，遂行各属令巫毁其祠。或曰，江抚汤公毁淫祠，先经入告，今不当循例耶？世隆曰："祠非奉敕所建，拆毁以正淫俗，乃职分当行，何必张大其事黩奏为，况现奉文除淫祠耶。"即檄各郡县拆祠毁像，永行禁绝。时距省八百里，有山崇奉五显，人遂称为五显岭，祠庙之丽，甲于闽中，是日台符未到，野火自起，与会城诸祠同日灰烬，人尤异之。郭公此举可为快意，其谓职分当行毋庸张皇入告，尤得政体，

今人但知汤文正公毁祠事耳。①

汤公即汤斌，其禁毁淫祠之事，清人王士祯记曰："康熙丙寅（1686），擢江宁巡抚都御史汤斌礼部尚书掌詹事府事。汤濒行，疏毁吴下淫祠五通、五显、刘猛将、五方贤圣等庙，恭请上谕，勒石上方山。得俞旨通行直省。"②

有关五帝来历的第二种说法是"五举子"说。郭白阳《竹间续话》云："五帝之姓为张、钟、刘、史、赵。又号显、应、宣、扬、振五灵公。相传五帝皆里中秀才，省试时，夜同至一处。见有群鬼在一井下药，相谓曰：'此足死城中一半人矣。'五人叱之，不见。共议守井，勿令人汲。然汲者皆以为妄也，五人不能自明，有张姓者曰：'吾等当舍身救人。'乃汲水共饮，果中毒死。合城感之，塑像以祀云。然五帝像貌，备极丑恶，狰狞可畏。"③

---

① ［清］阮葵生撰、李保民校点：《茶余客话》卷四"五显五通"条，载本社编：《清代笔记小说大观》，上海古籍出版社，2007，第2537—2538页。

② ［清］王士祯撰、靳斯仁点校：《池北偶谈》卷四"毁淫祠"条，中华书局，1982，第79页。并见蒋竹山：《汤斌禁毁五通神——清初政治精英打击通俗文化的个案》，《新史学》第6卷第2期，1995年，第67—112页。

③ 郭白阳撰：《竹间续话》卷二，海风出版社，2001，第40页。

蔡耀煌则说："或谓五神都是举子，因渡海赴京应试，中途覆舟溺死，死后成为'瘟神'。"①

附带言之。"五举子"传说中恶鬼投毒行瘟的情节，实际上是一种民间文学中的"母题"。据笔者所见，至少还见于闽地另外两个神明的传说中。其一为拿公。清人姚元之《竹叶亭杂记》载："拿公，闽之拿口村人，姓卜名偃，唐末书生。因晨起，恍惚见二竖投蛇蝎于井，因阻止汲者，自饮井水以救一乡，因而成神。五代时即著灵异。"②其二为太保。亦作太保公，是福州地区及闽江沿岸居民所奉祀的水神。其成神过程颇同于"五举子"——也是见人要在溪流中投毒而夺毒自服，死后为神，擒杀投毒者，受到供奉。"神像为立身，作奔跑状，面色黝黑，暴睛怒视，即毒发身死所致。左手执一钢叉，荷于肩上；右手外伸，并露中食两指，为镇压诸下毒人（通称为'鬼'）之姿势。身上佩一串颅骨，即擒杀诸

---

① 蔡耀煌：《福州人迷信"五帝"的活动》，载福建省政协文史资料委员会编：《文史资料选编·社会民情编（新中国成立前史料）》，福建人民出版社，2001，第231页。

② ［清］姚元之撰、曹光甫校点：《竹叶亭杂记》卷三，载本社编：《清代笔记小说大观》，上海古籍出版社，2007，第4839页。

人的头颅。左脚上尚踏有一人，云亦是'鬼'。"① 对于这类传说产生的原因，徐天胎曾论："在河流及井水中下毒害人的事，中古时代在各地都有发生，为确保居民食用水泉的安全起见，乃有此类神话产生，藉以提高警惕。本着神道设教的本旨，在当时还未可厚非。"②

三、五帝信仰的本土化

民间信仰的本土化（或曰在地化）表现在诸多方面。③ 对于福建地区来说，一个重要的表现是，"一些从北方传入的民间信仰与福建人文地理相结合，产生了

---

① 　徐天胎：《福建神道迷信》，载福建省政协文史资料委员会编：《文史资料选编·社会民情编（新中国成立前史料）》，福建人民出版社，2001，第 179 页。

② 　徐天胎：《福建神道迷信》，载福建省政协文史资料委员会编：《文史资料选编·社会民情编（新中国成立前史料）》，福建人民出版社，2001，第 180 页。

③ 　关于民间信仰的本土化（在地化），见林国平：《从临水夫人信仰看福建民间信仰的特色》，载叶明生、郑安思主编：《中国首届临水夫人陈靖姑文化学术研讨会论文集》，福建古田，2010，第 175—180 页；并见本书第二章的有关内容。

变异"。① 通过考察福州本土的话本小说《闽都别记》对五帝的记载，可以看出其本土化的若干表现。该书在第二百五十回开始讲述福州五帝的传说故事：

> 台江前皆宁静，自宋入元，遂有五怪作祟。五怪者，乃水猴、水鸟、蛤蚌、鲈鱼、水蛙。此五怪聚在望北台下龙潭壑里为巢穴。此龙潭壑内外海之潮涨至此，亦转旋入壑中，车入螺纹，故人言龙潭壑无底。彼时有一竞渡之龙船至此，人船皆旋入壑底去。至今相传，常闻壑底有锣鼓之声。五怪因在此壑中，上受天乙之漩炼，下承地六之造化，至千年便能变人，出没为害，或迷泄人之津液，或分食死尸之肢体。惟蛙近于人性，不敢害人伤命，常戒四怪勿再妄为。鱼、鸟、蚌犹可戒止。惟猴阳奉阴违，仍防之不住。四怪之中，惟蛙稍能约束四怪。原来蛙即蟾蜍，能朝北斗，至千年，其额遂生一角，额下有丹书，便知人性，故能管束诸怪，戒他不许伤生害命，岂无别物可食？遂同变为五通神，脸分五色，

---

① 林国平：《闽台民间信仰源流》，人民出版社，2013，第333页。

惟中多一眼，衣亦穿五色，皆戴金冠，时常出
游于江面，或现于岸旁。人遇见亦不惊，皆以
为五方之五帝下降。行灾布病，不论有病无病，
无不备大礼仪当天祭禳，遂于江滨建五帝庙。
其香火甚旺，祭祀不断。谁知此五怪以坐享庙中，
受人祭祀，又去各乡游荡，作威作福玩耍。一日，
由水上岸，欲去下渡惑人。遇一金面孩童驰马
而至，发一冷弹，正中黑面背上，黑面被打出
原形，化蚌入水。蓝面者心中甚忿，执械向前，
又被一弹打中，亦现出原形水猴，入水而逃。鱼、
鸟、蛙见是不好惹的，不敢向前，皆由水而遁。
那孩童亦不追赶，却原来那孩童是塔亭祖殿临
水夫人之金舍人，因挟弹巡游，见五怪欲作祟
惑人，故发弹打走。是夜，示梦于乡老众人，
遂建舍人庙于江边镇守。那五怪虽能变化，怎
敌得临水的无边法力？只一弹就打出原形。自
此不敢再去下渡也。①

---

① ［清］里人何求纂：《闽都别记》，福建人民出版社，2012，第
939—940 页。

　　《闽都别记》所记载的五帝传说，为五帝设立了福州的本土背景——"望北台下龙潭墼"（在今福州市仓山区上渡），与闽东地区的本土神明——临水夫人（陈靖姑）传说发生地之一毗邻，同时还将五帝与临水夫人直接联系——在《闽都别记》记载的传说中，临水夫人附身的"七娘"收服了"五怪"，道出五帝的本源。①

　　以五帝本土化过程中，还有一个重要渠道是本地戏剧。以五帝为主题的剧本的出现促使其"本土化"观念更加深入民心。在中国传统社会，对大多数底层民众而言，看戏是日常生活中非常重要的娱乐活动，因而通过编写五帝故事的词明戏②和闽剧剧本，上演相关剧目，加速了五帝形象的本土化。其中，剧本《五皇》、《五瘟神》、《天仙府五灵公》等皆产生于福州及周边地区，通过方言唱词和熟悉的唱腔向普通民众讲述了五帝出身和事迹，勾勒了瘟部仙班的全貌，暗含了信仰本土化的意味。③

---

① ［清］里人何求纂:《闽都别记》，福建人民出版社，2012，第959—962页。

② 词明戏，流行于福建省长乐、福清、平潭一带的汉族地方小戏。

③ 见潘文芳:《五帝的"正统性"与角色转换——以五帝剧本为分析素材》，《福建艺术》2013年第5期，第210—226页。

四、五帝信仰的口碑材料

五帝负责驱逐瘟疫，民众认其为"恶神"，心存厌恶与畏惧。《闽都别记》的创作基础是福州说书艺人所讲的大量民间故事，广泛反映了以福州为中心的福建社会实际，虽然书中间杂有大量神怪内容，但基本的民情民俗都是真实可靠的。因此，从上述引文可以看出五帝的口碑的确不佳。还有大量口碑材料可以证实这一点。例如，福州民间歌谣云："面分黑白与青黄，杂种居然出一门，你是烟花老嫖客，你奶（你母亲）也应出娼门。"[①]福州人骂人的恶口语中有"五帝拿"一词，用以诅咒对方，意谓此被骂者的言行同于恶魔及邪鬼，终必为五帝所逮捕并处死，被骂者因之至有戒心。[②] 在福州的外国传教士也注意到了这个情节。卢公明记曰："人们相信瘟疫是由五个瘟神——合称'五帝'——掌握的。把瘟

---

① 《嘲瘟神五帝》之三，载福州鼓楼区民间文学三集成编委会：《中国歌谣集成福建卷·福州鼓楼区分卷》，福州鼓楼区民间文学三集成编委会，1989，第262页。

② 徐天胎：《福建神道迷信》，载福建省政协文史资料委员会编：《文史资料选编·社会民情编（新中国成立前史料）》，福建人民出版社，2001，第202页。

神称为'帝'体现了普通民众的畏惧心理。经常听到人们吓唬不听话的小孩说'五帝要抓你'，意思是'你的肚子要疼了'。"①1949 年后，"五帝卖拿"的恶口语仍然堪称是福州的"市骂"之一。此外，"五帝拦门捉"也是一句极为恶毒的咒语，诅咒某人全家为五帝所捉，亦即得瘟疫而死。②此外，在福州地区采集的各级民间文学三套集成③中，都有关于"闽中为何不见五帝庙"的故事或歌谣，版本各异。以下是笔者所见最为完整和清晰的版本：

闽中为何不见五帝庙④

乾隆年间，南训蒙因家中贫穷，流落到福

<hr>

① （美）卢公明著：《中国人的社会生活》，陈泽平译，福建人民出版社，2009，第 84 页。

② 王振忠：《近 600 年来自然灾害与福州社会》，福建人民出版社，1996，第 139 页、第 182 页。又，福州人还有"五帝搦你去"等口语，意与"五帝卖拿"相近。见方炳桂、方向红：《福州熟语》（修订本），福建人民出版社，2010，第 78—79 页。

③ 指民间故事集成、歌谣集成、谚语集成。

④ 许怀中主编：《中国民间故事集成·福建卷》，中国 ISBN 中心，1998，第 506—508 页。讲述者：祭逸松，男，61 岁，退休教师，大学；采录者：严孟钰，男，52 岁，福清县文化馆干部，大专；采录时间、地点：1982 年于福清县。

清横路驿南的东坪村设馆课徒，靠微薄的束修度日。他白天教书，晚上攻读书经，准备考试。东坪村有家富豪，叫董富贵，娶有三妻四妾，其中大娘刁狠，人称东坪母老虎。董富贵虽然妻妾成群，无奈个个生不了崽，因此村里设不设馆与他无干系。董家大娘看见人家的孩子上学，心里头那个气直往上冲。心想，将来要是这穷先生教出三两个秀才，就好比荒草埔里长了棵树，那时节她董家门面怎个撑法？于是千方百计要把南先生挤走。

事也凑巧，这南先生觉得自己餐餐粥蘸酱，怕失体面，就寻了两块香樟木，刻了一对木头鸡腿，浸在豆酱碗里，豆酱又不馊，用膳时也好看些。这一天，董家走失了一只大公鸡，别看董家千富万贵的，却是一毛不拔的铁公鸡。这丢了一只公鸡就像剜了他心头一块肉，全家大小找遍了前村后店，就不见一根鸡毛。那董家母老虎到学馆一看：哟，这穷教书的正在吃饭，那豆酱碗里还有两只紫里透红的鸡腿。于是带了几个恶仆闹上门来。村里人都深知这董家母老虎刁狠，心中虽然愤愤不平，也不敢吭声。

南先生见来了一群人，又当着学生的面指着他的鼻子骂贼，怎么受得了呀！

"好哇！你说鸡不是你偷的，那还是老娘诬赖你不成？"母老虎听到南先生喊冤枉，跳起来，像癫犬一样跳进跳出。

南先生争辩说："诬赖不诬赖自有天知！"

"好，好，好！你小子是不到黄河心不死！天知，那咱们上五帝庙请圣君判个是非曲直！"

"去就去，还怕你不成！为人不做亏心事，半夜敲门心不惊！"

两人就扭着到村头的五帝圣庙去了。村里人听说这母老虎和南先生要请五帝判案，都觉稀奇，就一传十，十传百，来了两百人，围着五帝庙看究竟。那母老虎派恶仆先到五帝庙布置一番，又备了香案供品，自己梳洗完毕才来到五帝庙。南先生身无分文，只好折草为香，插在五帝圣君前。双方说好以酒杯代卜杯，卜杯不破则南先生曾偷，卜杯若破则董家诬良。双方默祷完毕，原告董家母老虎三卜杯，三杯落地，完好无缺；被告南训蒙也三卜杯，三杯下地，也不损毫厘。董家母老虎霍地跳起来，

一把揪住南训蒙的前襟，喝叫："来！把这贼秀
才的长衫扒下来，赔我的鸡！"

主子下了令，恶仆一拥而上，三下五除二，
就把南训蒙的长衫扒了下来。这时正是隆冬季
节，闽中地带虽不下雪，却也结霜。南训蒙本
来就衣衫单薄，再扒掉长衫，更是冻得抖抖索索。
南训蒙望了望大殿上那尊道貌岸然的五帝圣像，
骂叫："昏官！贼官！我南训蒙若得志，尔等贼
官严惩不贷！"说完唾了一口，扬长而去。几
个穷学生见先生蒙冤受辱，十分不平，无奈董
家势大，无可奈何，只好凑些盘缠，让南先生
回家去了。

董家母老虎在五帝庙里得了胜诉，洋洋得
意回家。刚进中厅，见一只竹箩摆在厅边，路
窄了些，就随手把筐往边上一扔。这一扔不得了，
里面扑地一声飞出一只大公鸡来！这公鸡罩在里
头闷疯了，呼地跳到董大娘这只母老虎头上乱
啄一通，啄得母老虎嗖嗖直叫。母老虎不敢吭声，
悄悄把这只公鸡杀了，半夜里又拿到五帝庙去
上了一供，天不亮就和老公一块把鸡肉吃了。

南秀才受了这场侮辱清醒了：明明自己没

沾到鸡毛，而五帝圣君受了董家的供品，就胡判一通，看来仙界也是一团混沌，天命又何必信从？于是他在家打柴度日，攻读书史。第二年恰逢大比，他乡试夺魁，入闱入鳌，中了状元，乾隆皇帝派他巡按闽浙两省。

南训蒙到了福州府，就把府县官员带到东坪五帝庙前。董富贵听说闽浙巡按就是当年被扒掉衣衫的穷教书先生，吓得两腿发抖，忙带上礼品上门，说："小人当年有眼无珠，冒犯大人，望大人海涵！些微薄礼，请笑纳！"

南训蒙当即要董家刁妇将当年失鸡始末讲出来。原来董家母老虎在五帝圣像前做了手脚，那地是预先铺了虚土，所以酒杯落地不破。此时她就是真老虎，在巡按面前也不敢说出个缘由，只承认大公鸡不曾丢失，错怪了好人。南训蒙见她不说，就借机发端说："仙界君王也贪赃枉法，普天之下还有净土可言么？你等听着：东坪董家刁妇行贿诬告，事已过去，本可从轻；无奈今日尚不改前非，又向本官行贿，故重责四十，以戒今后。五帝本为仙界君王，也染人间恶习，枉食俸禄，贪赃枉法，非严惩不能做效尤!"说罢抽出皇帝钦赐尚方宝剑,咔地一声削去了五帝塑像的脑袋,然后说:"为官不正者,不管是神是人,当如斯处置!"

在场官员个个咋舌瞠目,面面相觑,连个大气也不敢出。

接着,南御史下令拆除境内所有的五帝庙,说是此等昏官赃官,留有何用?从此,闽中沿海便无五帝庙了。

五、五帝信仰正统化的努力

陈春声教授指出:"在民间的观念中,国家的承认(尽管可能是虚拟的)仍然是神明来历'正统性'的唯一来源。"[①]祠神努力正统化的原因有二:首先,面对历代王朝对民间信仰的基本国策,民间信仰只有主动依附封建王朝,往正统化方向努力,才有可能求得更好

---

① 陈春声:《正统性、地方化与文化的创制——潮州民间神信仰的象征与历史意义》,《史学月刊》2001 年第 1 期,第 126 页。

的生存和发展的空间。[①] 例如，清朝政府通过一系列的祭祀政策对祀典对象、时间和规格等进行严格控制，并对地方各省的祭祀制度作出明确规定。[②] 清朝乾隆时期由徐景熹主修的《福州府志》卷二十四《风俗》记载："国朝康熙三十九年（1700），知府迟惟城毁五帝庙，撤其材以葺学宫，民再祀者罪之。乃迟卒未逾时，而庙貌巍然，且增至十有余处，视昔尤盛。盖巫觋藉以掠金钱，愚氓冀以免殃咎，故旋毁旋复，法令所不能禁也。闽中故多淫祀，此特其尤甚者耳。"[③] 郭白阳《竹间续话》载："康熙三十九年，知府迟惟城毁其庙，再祀者罪之。……查慎行曾作《福州太守毁淫祠歌》。"[④] 查氏诗作如下：

> 愚甿致贫盖有术，祈福淫祠亦其一。八闽风俗尤信巫，社鼠城狐就私昵。巫言今年神降殃，

---

① 关于民间信仰的"正统化"问题，见林国平：《去巫化与正统化：民间信仰的生存和发展之路——以福建民间信仰为例》，《世界宗教研究》2013 年第 1 期，第 31—38 页；林国平：《闽台民间信仰源流》，人民出版社，2013，第 334—335 页。

② 见庄恒恺：《傩与礼的融合——闽台厉鬼瘟神信仰研究》第五章第一节，九州出版社，2015，第 107—113 页。

③ ［清］徐景熹主修：《（乾隆）福州府志》，海风出版社，2001，第 684 页。

④ 郭白阳撰：《竹间续话》卷二，海风出版社，2001，第 40 页。

疠疫将作势莫当。家家杀牛磔羊豕，举国奔走
如风狂。迎神送神解神怒，会掠金钱十万户。
旗旄夹道卤簿驰，官长行来不避路。忽闻下令
燔妖庐，居民聚族初睢盱。青天白日鬼怪遁，
向来祇奉宁非愚。嗟嗟千年陋习牢相组，劈正
须烦巨灵手，江南狄公永州柳，此事今亡古亦偶，
独不见福州迟太守。①

　　康熙年间福州五帝信仰遭到地方官府的打击，虽其
后能"视昔尤盛"，但官府的打击政策促使信众对五帝
的正统化提出更强烈的要求。

　　其次，除了官府打击淫祀的压力之外，五帝正统化
的动力还来自与其他神祇竞争的压力。从前引《闽中为
何不见五帝庙》等口碑材料可以看出，五帝在民众心目
中是"恶神"，这无疑会影响到其扩大信众。因此，在
本土化的同时，五帝信仰逐渐向正统化方向发展，具体
表现为淡化五帝传说中负面的行瘟害人情节，把五个神
灵来源转化为符合明清以来国家祀典要求的英雄人物。

---

① ［清］查慎行著、周劭标点：《敬业堂诗集》第二十五卷，上海古籍
出版社，1986，第 696 页。

以下通过一块碑刻来考察这一点。

福州白龙庵作为祭祀五帝的重要庙宇之一，庵中曾有一块乾隆四十六年（1781）的碑刻，讲述了白龙庵五福大帝的由来：

> 神于乾隆四十六年天运庚寅十月初一日子时。
>
> 在本庙内，扶鸾降驾指示。吾神本是泉城五县之举子，因同往京城赴考，路过福州，借宿在省城南门外之白龙山五瘟殿内。五月初四日夜子时，似眠非眠，突见功曹降下，宣读玉旨，谕曰：福州全省人民，恶多善小，天帝差降瘟疫于省城内外，令五瘟神速往全省五口水源大井，投疫毒于井中，使全省人民，尽受瘟疫惨死。五举子恒商之后，决意投井自杀。翌日，福州省民，见井有凶尸，即不敢吸①水饮食。五举者即：晋江张生、惠安钟生、同安赵生、南安刘生、安溪吏生②等。其中有钟生中毒甚重变成尖嘴，

---

① "吸"，疑为"汲"。

② "吏生"，疑为"史生"，下同。

全省人民百姓，感念其恩，即立庙奉祀。庙在南门外，白龙山北麓白龙庵，其本源系是五岳之神，下凡转生尘世。

中岳嵩山，黄元大光含真真君转生为张生。

东岳泰山，太灵苍光司命真君转生为钟生。

南岳衡山，口华紫光注生真君转生为刘生。

西岳华山，素元耀魄大明真君转生为赵生。

北岳恒山，一做无极又名医无真君转生为吏生。

天帝怜念其不忘根本，即然舍身成仁，敕封五方瘟部主宰之职，劝善惩恶除瘟灭疫。五灵公之位：

显灵公，张生讳爽，字元伯。

生于甲子年七月初十日子时，穿黄袍。

应灵公，钟生讳麟，字士秀。

生于丙寅年四月初十日寅时，穿青袍。

宜灵公，刘生讳子明，字元达。

生于己巳年三月初三日酉时，穿红袍。

振灵公，赵生讳君武，字光明。

生于丁卯年三月十五日巳时，穿白袍。

杨灵公，吏生讳成，字文业。

生于乙丑年九月初一日亥时，穿皂袍。

省城人民皆称，五部大堂，五灵公爷，显赫救民，护国安邦，擒妖治鬼，驱邪狷煞，收除瘟疫。明帝褒封，五瘟主宰，祀典祭拜，福庇闽郡，三山黎民。……①

碑文所载五帝故事基本符合了正统性的特征：一是"所奉祀的神灵以朝廷的封敕为正统"，五举子死后由"玉帝"敕封为"瘟部主宰"、"五灵公之位"，作为天界最高首领，更具权威和说服力；二是"尽可能与皇帝或官府攀上关系"，主要体现在五人的身份上，即被设定为赴京赶考的举子，所谓"秀才本是宰相根苗"，这五人若非为拯救百姓而自杀，极有可能成为官员。碑文中涉及庙宇原本是"五瘟庙"，后来成为"五帝"庙，其中最大的差别在于五帝从"行瘟"到"驱瘟"的角色转变。这种转变也成为其正统性诉求的表达。

还有学者通过对《五皇》《五瘟神》《天仙府五灵公》《福兴班——五皇戏传》四部剧本内容进行分析，

---

① （美）宋怡明编：《明清福建五帝信仰资料汇编》，香港科技大学华南研究中心，2006，第19—20页。

认为剧本创作时有意识地比附经典（如《三教源流搜神大全》），并借重正统宗教势力（尤其是观音），抬高五帝出身，增强神圣感；编造五帝显灵救助皇帝并被敕封的故事等，使五帝祭祀"名正言顺"；剧本中五帝由"行瘟—驱瘟"的角色转换，等等，表达了明清以来福州五帝信仰的正统性倾向。①

　　五帝正统化的另一个努力途径是攀附关羽。晚清传教士卢公明曾记，福州的五帝庙有一奇特之处——涉及武圣关羽：

　　　　供奉五帝的庙宇表面上都是为武圣关帝建造的。在庙门口或门外立一个刻着关帝名号的牌位。据说是这么回事：十几年前，一个高级官员乘轿子经过城里的大街时正遇上迎五帝的游行队伍。游行者非但没有给官员的轿子让路，反而要求官员的轿子后退，或先避到路边让五帝神轿通过。这个官员勃然大怒，命令卫兵把为首的香头抓起来鞭打，驱散游行队伍。在讯

① 见潘文芳：《五帝的"正统性"与角色转换——以五帝剧本为分析素材》，《福建艺术》2013年第5期，第210—226页。

问之后，官员发现五帝是没有得到过官方批准的邪神，于是下令禁止，要求百姓自行捣毁所有五帝神像。在这种情况下，五帝的信众们赶紧采取应对措施，在五帝庙门口竖起关帝的牌位，同时把关帝神像请入庙中，改称为关帝庙作为伪装。满清朝廷崇尚战神关帝，没有哪位官员敢对关帝庙横加干涉。[①]

关于卢公明所记"十几年前"之事，郭白阳《竹间续话》载："道光初年，王慎斋恕忠令吾闽，出署，适与赛神者遇。竟抗道而进。慎斋怒，执其像而箠之。左右皆为慎斋危，而卒无恙。"[②]蔡耀煌云："清代中叶地方官曾下令焚毁神像禁止祭祀，神棍便在庙内添祀关帝，佯称改作关帝庙，实则以关帝为护符，藉以保全五帝，所以清末各五帝庙里都另祀关帝。城内和南台五帝都各有管辖的区域，好像大王境一样（大王境即土地神庙），

---

① （美）卢公明著：《中国人的社会生活》，陈泽平译，福建人民出版社，2009，第150页。

② 郭白阳撰：《竹间续话》卷二，海风出版社，2001，第40页。

疆蜀划然，不相侵犯。"① 前文提及的白龙庵，庙额就是"白龙武圣庙"，该庙刻有"奉旨祀典"的青石碑直至 1994 年还存在。至今在台湾主祀五帝的庙宇多称为五福大帝或白龙庵，显然是一种典型的文化传承。②

　　五帝庙添祀关羽而图保全，源于满清贵族对于关羽的崇拜。朱维铮写有《在中世纪晚期的＜三国演义＞》一文，其中"荒谬的关羽崇拜"一节云：

> 　　相传满洲崇拜关羽，起源于努尔哈赤时期，
> 他向明朝请神像，被赐的画像中有"伏魔大帝"
> 关羽像。这位关圣帝君可能由于成了神的缘故，
> 再也没有当年挂印封金的义气，出了关便崇满

---

① 　蔡耀煌：《福州人迷信"五帝"的活动》，载福建省政协文史资料委员会编：《文史资料选编·社会民情编（新中国成立前史料）》，福建人民出版社，2001，第 231 页。

② 　徐心希：《试论榕台两地的五帝信仰与两岸民间交流》，《海交史研究》2007 年第 1 期，第 108 页。关于"奉旨祀典"，林国平教授指出：在中国古代，皇权高于一切，任何事物只要与皇权沾上边，就风光无限。民间信仰的信众也清楚地认识到这一点，并千方百计加以利用，他们通过各种关系把自己所信奉的神明的种种灵异故事上报朝廷，争取获得朝廷的赐封或赐庙额。民间神明一旦得到朝廷的敕封，所在宫庙得到朝廷的赐额，即表明其拥有正统的地位，可以避免被列为"淫祀" 拆毁，为其生存和延续提供有力的保障。见林国平：《去巫化与正统化：民间信仰的生存和发展之路——以福建民间信仰为例》，《世界宗教研究》2013 年第 1 期，第 36—37 页。

媚外，专门显灵护佑后金。因而清初君主贵族对他越发敬仰，称之为"关玛法"，即满语的"关祖"。日常供于坤宁宫，与佛祖菩萨每天早晨享祭，所谓"朝祭神"，遇有大典便移入堂子，在享受血祭的同时，细听满洲帝王大臣的祈祷。他也特爱管事，大至征讨汉族叛逆，小至代替满清选才，都要插一手。嘉庆元年（1796），川楚白莲教起义军进逼荆州，守城清军急需大炮，关羽便立即托梦给清将，在地下掘出了大炮和弹丸。时任湖广总督的毕沅，赶紧将这灵异上报皇帝。嘉庆感激之至，下诏命名为"神赐大炮"。毕沅是乾嘉间的文坛领袖，《续资治通鉴》的主编，连他也相信关羽显圣，别人还有什么话说？①

虽然添祀了关帝，五帝庙仍被官府视为淫祀，屡遭打击。而据卢公明《中国人的社会生活》记载，五帝在清咸丰时终于获得皇帝赐封：

---

① 朱维铮：《走出中世纪》（增订本），中信出版社，2018，第247—248页。

尽管五帝在民间拥有广泛的信众，但仍然是邪神。只有得到皇帝加封认可的神祇才能算是正神。一旦被朝廷认可，任何官民都不敢随意对之加以处置，除非其庙祝或赞助者确实犯了法。

1859年秋季，咸丰皇帝根据原闽浙总督王懿德所请，终于加封五帝为"侯爵"。[①]

历史上，福州市区的五帝庙有数十座之多。[②]卢公明曾记："供奉五帝的庙宇很多。庙里还有一些其他配神，即五帝的属下。"[③]清人郭柏苍《乌石山志》载："福城内外凡称涧、称殿者，皆祀疫神。依水称涧，在陆称殿。其先始于南涧，继之则有北涧、西涧，城隍山、太岁殿为中涧，开元寺、右芝山为芝涧，又有玉山涧、嵩山涧、穿山涧等名目。"[④]另有一说，福州的五帝庙亦称庵、涧，

① （美）卢公明著：《中国人的社会生活》，陈泽平译，福建人民出版社，2009，第151页。

② 见王振忠：《近600年来自然灾害与福州社会》，福建人民出版社，1996，第199页。

③ （美）卢公明著：《中国人的社会生活》，陈泽平译，福建人民出版社，2009，第84页。

④ ［清］郭柏苍纂：《乌石山志》卷之三《寺观》"南涧报国寺"条，海风出版社，2001，第76页。

近城为涧，城外为庵，旧有"九庵十一涧"之称。郭白阳《竹间续话》云："福州淫祀以五帝为最。俗有九庵、十一涧之称。九庵者，复初、崇圣、广慧、明真、龙津、茶亭、路通、蛤埕及九福也。十一涧者，东涧、西涧、南涧、北涧、水涧、汤涧、井涧、芝涧、嵩山涧、钟山涧及大西涧也。皆因地而名。"①

因为五帝信仰的兴盛，当时福州的不少庙宇纷纷改建为五帝庙。福州俗语"拆观音堂起五帝庙"，反映的就是这种现象。《闽都别记》第二百五十二回云：

> 遂感激五帝抽签有灵应，因此建造五帝庙答谢之。旧庙窄小，在于江边，常遭大水漂没。今另择在天宁山旁观音堂左侧，帮扇建一新庙。那日竖扇上梁，至夜人工皆散。次日来看，帮扇各木料拆卸江边，将五福大帝之中梁架于观音堂脊顶。吴瑞讶，查何人所拆，有江边渔人曰："昨夜三更，见凸嘴穿白的同一穿黑的来拆。看其面貌非人乃神，才不敢问。"众乡邻曰："既是神明，特与之建庙像，何拆之？"有一人曰："全

---

① 郭白阳撰：《竹间续话》卷二，海风出版社，2001 年版，第 40 页。

间皆拆去，惟中梁不拆架于观音堂，想必是神明不要帮扇边间，要正堂为大殿，故将五福大帝之梁，架于脊顶，与汝知也。"众共答："不错。"吴瑞即与众商议，将观音金身暂寄天宁寺大殿之上，把观音堂拆去为五帝庙。完竣后再去东边山下井旁另起观音堂，以悦五帝之心意。所谓"拆观音堂起五帝庙"之俗语，即由此起也。[①]

时至今日，福州仍有多处五帝庙。如"九庵十一涧"之首的复初庵。该庵位于台江区海防前复池路。始建于宋代，现存明清建筑。其坐北朝南，建筑面积 735 平方米，前后三进。正殿面阔五间，进深七柱，抬梁穿斗式木架构，双坡顶，鞍式山墙。原祀五帝，后增祀慈航道人、临水夫人。庵内石柱有篆书对联："复礼维虔未默祝许沾厚泽；初心若昧即磕头难宥前非。"教化意味颇浓。[②] 陈莹曾在近期对福州主要城区（鼓楼、台江、晋安、仓山）进行了田野调查，[③]总结出晚清福州五帝庙的四个分布特点：第一，福州市五

① [清]里人何求纂：《闽都别记》，福建人民出版社，2012，第946—947 页。

② 见黄启权主编：《福州神俗》，福建人民出版社，2010，第89 页。

③ 见陈莹：《瘟神五帝信仰与晚清福州社会（1840—1911）》，福建师范大学硕士学位论文，2014，第31—32 页。

帝庙宇的分布与福州市主要内河分布呈现出一致性，即有内河流经的地方一般都有五帝庙宇分布。这主要是因为在五帝信仰中，无论是传说故事还是驱瘟仪式都离不开水，所以大多数的五帝庙都是临水而建。第二，内河航道通常是古代重要的交通枢纽，是人流、物流的主要集散地，在这立庙，实际非常有利于五帝信仰的传播。比如通过闽江航道和内河航道到福州做生意的外地商人，通常会在港口附近建立庙宇以求平安。福州新港庵，原位于台江区新港，近几年由于政府市容改造，原庙已被拆除，将在原址附近重新建造一座新庙。拆除前的新港庵是由永泰县来福州的毛竹商人在光绪十一年（1885）开始集资，经十年时间筹备到光绪二十一年（1895）建成，并立碑以志，这块碑文幸得保存。第三，这种分布规律也反映出五帝信仰在福州的兴盛与势力强大，因为只有重要且香火很旺的神明才有资格在交通要道上建立庙宇。第四，晚清时期五帝庙宇分布图中显示，有相当一部分庙宇分布在府城范围内，这是地方官府控制力量较为强大的区域。[1] 第四点现象是十分有意思的，说明了官方打击淫祀行动常常流于徒劳。[2]

---

① 　陈莹：《瘟神五帝信仰与晚清福州社会（1840—1911）》，福建师范大学硕士学位论文，2014，第33页。

② 　见庄恒恺：《傩与礼的融合——闽台厉鬼瘟神信仰研究》第五章第二节，九州出版社，2015，第117—137页。

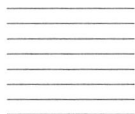

由僧至神
佛教俗神崇拜

一、引言

宗教和民间信仰，二者之间既有区别，又有联系。一方面，诚如汪毅夫先生所论："任何一种宗教如佛教或道教都具有自成系统的关于理论（教理、教义）和制度（教仪、教规）的学说，宗教学说并且因宗教生活同世俗生活有相当程度的隔离（'和尚出家'、'道士进山'正是此一隔离的说法和做法）而较少受到世俗生活的影响。因此，宗教在总体上具有制度化的倾向。与宗教不同，民间信仰无有、亦不合于任何一种宗教传说，却有种种随时发生、并且随时附益的关于巫术和鬼神灵验事迹的民间传说。民间信仰是世俗生活的产物、又同世俗生活密切混合。因此，在宗教学说与民间传说、宗教生活与世俗生活之间，民间信仰乃表现出鲜明的世俗化倾向。"①另一方面，制度化宗教和非制度化的民间信仰关系密切。有学者曾指出中国传统社会中"士林宗教"与"民间宗教"之间相互作用的形式：1.儒、佛、道三教的专门教职人员（出身儒士的官吏、道士和僧人），常常来自普通百姓。2.儒、佛、道三教的经典是民间礼仪和半权威性经籍的来源。3.上位宗教和民间宗教都有崇信和奉祀祖先的习俗。4.民间神祇常常由儒、佛、道三教中那些已修入化境的圣贤演变而来。②

在福建民间信仰中，有一定数量的祠神是由僧人和道士神化而来，尤以僧人为多。"福建佛教俗神崇拜的产生和发展与福建佛教发展史同步。唐中期以前，佛教在福建发展缓慢，影响不大，虽然也有个别僧侣被百姓奉为神灵，但影响还较小。"③唐末及五代时期，佛教

① 汪毅夫：《从福建方志和笔记看民间信仰》，载氏著：《闽台缘与闽南风》，福建教育出版社，2006，第155—156页。李亦园亦指出：民间信仰"分列在不同的生活范畴中表现出来，所以不能用'什么教'的分类范畴去说明它"。见李亦园：《文化的图像》（下），允晨文化实业股份有限公司，1992，第119页。

② 〔美〕克里斯蒂安·乔基姆著：《中国的宗教精神》，王平等译，中国华侨出版公司，1991，第25—26页。

③ 林国平、彭文宇：《福建民间信仰》，福建人民出版社，2001，第264页。

在福建迅速发展。自唐中叶以后，南禅在江南如日中天，福建也深受影响。青原行思第五世雪峰义存，即以福州为传法之地，深受闽主王审知的礼遇。王审知是史上有名的奉佛者，佛教史上有名的二个忠懿王，其一即指审知而言。[1] 由于统治者的支持，闽国境内崇佛成风，福建佛教进入繁荣时期，寺庙数目也急剧增加。郭白阳《竹间续话》曾引宋代福州知州谢泌《福州诗》云："城里三山千簇寺，夜间七塔万枝灯"，并说："唐季，闽中佛寺甚繁，王氏复增二百有奇，穷极土木，国随以亡。"[2] 郑丽生《排塔》亦云："对拱浮图似笔捧，古来象教盛闽中，人家行乐来排塔，灯烛争看映月红。"[3] 据王国荣教授的统计，"就寺院兴造而言，闽国时福建全境在王审知父子统治的近40年中，新造了461所寺院（包括庵）"。[4] 此外，福州流传的一些俗语，如"儒法不如佛法高"等，亦可证明佛教在闽地之影响。[5] 随着寺

---

[1]　黄敏枝:《宋代佛教社会经济史论集》，学生书局，1989，第119页。

[2]　郭白阳撰:《竹间续话》卷二，海风出版社，2001，第40页。

[3]　郑丽生:《福州风土诗》，福建人民出版社，2012，第122页。

[4]　王国荣:《福建佛教史》，厦门大学出版社，1997，第151页。"闽国福建兴造寺院区域分布表"见该书第152页。

[5]　方炳桂、方向红:《福州熟语》（修订本），福建人民出版社，2010，第55—56页。

庙数目的增长，僧尼人数也大量增加。如王延钧于天成三年（928）十二月，曾一次度僧达二万人。[1]到北宋时，佛教在福建达到鼎盛，寺院数量和僧尼人数均名列全国前茅。如上引《福州诗》所言，福州已是"道路逢人半是僧"。在佛教高度发达、影响扩大的背景下，福建地区一些有美德故事和灵验传说的僧人，身后转化为民间信仰的神祇。本章将以福建地区佛教俗神崇拜为例，说明制度化宗教与民间信仰相融合的三种表现情形。

二、僧人是祠神的重要来源

"与道教俗神崇拜相比，福建佛教俗神的类型比较单一，既没有从巫觋演化而来的佛教俗神，也没有从神话传说或历史人物演化而来的佛教俗神，所有的佛教俗神均是从僧尼演变而成。"[2]例如，在闽南地区颇有影响的清水祖师陈普足，生前即是宋代的一名僧人。从北

---

[1] 黄敏枝：《宋代佛教社会经济史论集》，学生书局，1989，第121页。

[2] 林国平、彭文宇：《福建民间信仰》，福建人民出版社，2001，第265页。

宋政和三年（1113）十二月，邑令陈浩然撰写的《清水祖师本传》中，可以看出他的升转过程：

> 祖师生于永春县小姑乡，陈其姓，普足其名也。幼出家于大云院，长结庵于高泰山，志甘槁薄，外厌繁华。闻大静山明禅师具圆满觉，遂往事之。道成业就，拜禅辞而还，师曰："尔营以种种方便，澹足一切。"因授以法衣而嘱之，曰："非值精严事，不可以衣此。"祖师还庵，用其师之言，乃劝造桥梁数十，以度往来。后移庵住麻章，为众请雨，如期皆应。元丰六年（1083），清溪大旱，便村刘氏相与谋曰："麻章上人，道行精严，能感动天地。"比请而至，雨即沾足，众情胥悦，咸有筑室请留之愿，乃于张岩山辟除蓇翳，剪拂顽石，成屋数架，名之曰清水岩，延师居焉。以其年，造成通泉桥（址未详）、谷口桥（估金谷溪），又十年，造成汰口桥（址未详），砌洋中亭（在联中村），糜费巨万，皆取于施者。汀、漳时人有灾难，皆往祷焉，至则获应。祖师始至，岩屋草创，凡三经营，乃稍完洁。岩东惟枣树一株，祖师

乃多植竹木，迨今成荫。其徒弟杨道、周明，于岩隈累石为二窣堵，临崖距壑，非人力所措手，盖有阴相之者。刘氏有公锐者，久不茹荤，坚持梵行，祖师与之相悦。一日公锐至，辄嘱以后事，仍言"形骸外物，漆身无益"。说偈讫，端然坐逝，享年六十五岁，建中靖国元年（1101）五月十三日也。时远近云集，瞻礼赞叹。越三日，神色不异，乡人乃运石甃塔，筑亭于岩后，刻木为像而事之。杨道落发为僧，奉承香火，信施不绝，雨旸有祷。迎奉塑像，最宜精诚斋戒，或慢易不虔，递有雷电迅击之异。岩旧有巨石当衢，往来患之，一夜转于道侧。妇女投宿者，岩前麻竹四裂，遂不敢入。分身应供，理形食羹，凡所祈求，无不响答。乃若禅屦戒行，自得于真空寂灭之表，非世情所能测究者，不可得而言也。行实之详，得之薛八行，八行得之刘公锐。因考其言，参其事，信乎不诬也。谨镂板以写不朽之传。①

---

① 安溪县清水岩志编纂委员会：《清水岩志》，泉州市文物管理委员会，1989，第3—4页。

　　从以上引文，可以得知：清水祖师生前是一名僧人，之所以在身后被信民祀奉为神，有两个原因。首先，他有美德故事，主要是"靡费巨万"，在各地造桥。正如林国平教授所言："有宋一代，随着海外贸易的迅速发展，福建东南沿海地区特别是闽南地区兴建了大批桥梁，南宋在闽南还形成了所谓'造桥热'，一些僧尼道士也加入造桥铺路的行列。清水祖师一生劝造数十座桥梁，功德无量，所以得到百姓的敬仰甚至崇拜也是很自然的事。"[1] 其次，他有灵验传说，主要是祈雨获应。关于这一点，将在本章第三部分论述。

　　在由僧人神化而成的福建民间神祇中，著名者还有闽西客家地区的定光古佛。现存较早且较为详细记载定光古佛生平及其信仰的是《临汀志》。[2] 该志记曰：

　　　　敕赐定光圆应普慈通圣大师。郑性（姓），
　　法名自严，泉州同安县人。祖仕唐，为四门斩
　　斫使。父任同安令。师生而异禀，幼负奇识。

---

① 　林国平、彭文宇：《福建民间信仰》，福建人民出版社，2001，第296页。
② 　《临汀志》，成书于南宋开庆元年（1259），由汀州知州胡太初修、州学教授赵与沐纂。开庆《临汀志》、淳熙《三山志》与宝祐《仙溪志》，是福建仅存的三部宋修方志。

年十一，恳求出家，依本郡建兴寺契缘法师席下。
年十七，得业游豫章，过庐陵，契悟于西峰圆
净大师，由此夙慧顿发，遂证神足，盘旋五载。
渡太和县怀仁江，时水暴涨，彼人曰："江有
蜃为民害。"师乃写偈投潭中，水退沙壅，今
号龙洲。又经梅州黄杨峡，渴而调水，人曰"微
之"，师微笑，以杖遥指溪源，遂涸，徙流于
数里外，今号乾溪。乾德二年届丁（"届丁"
应是"甲子"之误，964），之武平，睹南岩石
壁峭峻，岩冗嵌崆，怃然叹曰："昔我如来犹
芦穿于膝，鹊巢于顶而后成道，今我亦愿委身
此地，以度群品；若不然者，当使殒碎如微尘。"
发誓已，摄衣趺坐。数夕后，大蟒前蟠，猛虎
旁睨，良久，皆俯伏而去。乡人神之，争为之
畚土夷堑，刊木结庵。民有祈祷，辄书偈付与，
末皆书"赠以之中"四字，无愿不从。淳化间
（990—994），去岩十里立草庵牧牛，夜常有
虎守卫，后迁牧于冷洋径。师还岩，一日候云：
"牛被虎所中。"日暮有报，果然。师往彼处，
削木书偈，厥明，虎毙于路。复感一青□猴，
为牧三年，后忽抱木毙，师梦来乞名，与名曰

"金成王"，仍为建庙。民有询过去未来因者，师皆忠告，莫不悚然。同道者惧其大甚，师曰："只消吾不语耳。"遂不语。一年，岩院输布，师以手札内布中，监临郡倅张公晔见词，闻于郡守欧阳公程，追摄问状，师不语。守、倅愈怒，命焚其衲帽，火烬而帽如故；疑为左道，以羶血蒜辛厌胜，再命焚，而衲缕愈洁，乃遣谢使归。自是白衣而不褐。初，南康盘古山波利禅师从西域飞锡至此，山有泉从石凹出，禅师记云："吾灭后五百年，南方有白衣菩萨来住此山。"其井涌泉，后因秽触泉竭，舆议请师主法度以符古谶，师许之，乃泛舟而往。江有槎桩，常害人船，师手抚之曰："去！去！莫为害。"当夕无雨，水暴涨，随流而逝。至山，观井无水，遂以杖三敲云："快出！快出！"至中夜，闻有落泉溅崖之声，诘旦涌出满溢。终三年，复返南岩。祥符（1008—1016）初，有僧自南海郡来告曰："今欲造砖塔，将求巨舰载砖瓦，惠州河源县沙洲有船插沙岸，无能取者，愿师方便。"师曰："此船已属阴府。"僧复致恳，师乃书偈与僧，僧持往船所，船应手拔。运塔砖毕，有商假载木，俄恶风飘荡，莫知所往。四年，郡守赵公遂良闻师名，延入郡斋，结庵州后，以便往来话次。遂良曰："庵前枯池，劳师出水。"投偈而水溢，今名"金乳"。复曰："城南有龙潭害民，望师除害。"亦投偈而祸去。于是遂良表闻于朝，赐"南安均庆院"额。遂良授代以晴请，运使王贽过岩以雪请，皆如答应。真宗朝，尝斋于僧，对御一榻无敢坐者。上命进坐，僧答曰："佛祖未至。"少顷师至，白衣衲帽，儒履擎拳，即对御就坐。上问："师从何来，甚时届道？"答曰："今早自汀州来。"问守为谁？曰："屯田胡咸秩。"斋罢，上故令持伊蒲供赐咸秩，至郡尚煗。咸秩惊竦，表谢。上乃谓师为见世佛，御赐周通钱一贯文，至今常如新铸。咸秩闵雨，差吏入岩祈祷，师以偈付来吏，甫至郡而雨作，岁乃大熟。胡解印入觐，历言诸朝列丞相王公钦若、参政赵公安仁、密学刘公师道皆寄诗美赠。八年正月六日申时，俄集众云："吾此日生，今日正是时，汝等当知妙性廓然，本无生灭示有去来，更言何事？"言讫，右胁卧逝，春秋八十有二，僧腊六十有五。

众收舍利遗骸骼塑为真相。遗偈凡百一十七首，其二十二首乃亲书墨迹临刊，文义雅奥，不可思议而得也[1]。

从所引文字可以看出，定光古佛生前为百姓做了不少好事，包括：驯服野兽、治河护航、活泉止水、祷雨救旱，等等。因为定光古佛师既有为民请命（"师以手札内布中"）的美德故事、又有神通广大（"上乃谓师为见世佛"）的灵验传说，所以其生前即受群众爱戴，死后很快被民众奉为神灵——"师见在，民呼曰'和尚翁'，亲之也。师灭度，民皆曰'圣翁'，尊之也"[2]。不仅如此，在他去世之后，不少文人士大夫也纷纷撰文称赞——"名公巨卿，大篇短章致赞叹意，无虑数百篇"[3]。其中最为有名的，当属熙宁九年（1076），时任密州知州的大文豪苏轼所作《定光师赞》：

---

[1]　［宋］胡太初修、赵与沐纂：《临汀志·仙佛》，福建人民出版社，1990，第164—166页。

[2]　［宋］胡太初修、赵与沐纂：《临汀志·仙佛》，福建人民出版社，1990，第166页。

[3]　［宋］胡太初修、赵与沐纂：《临汀志·仙佛》，福建人民出版社，1990，第166页。

> 定光石佛，不显其光。古锥透穿，大千为囊。
> 卧像出家，西峰参道。亦俗亦真，一体三宝。
> 南安石窟，开甘露门。异类中住，无天中尊。
> 彼逆我顺，彼顺我逆。过即追求，虚空鸟集。
> 驱使草木，教诲蛇虎。愁霖出日，枯旱下雨。
> 无男得男，无女得女。法法如是，谁夺谁与。
> 令若威怒，免我伽梨。既而释之，遂终白衣。
> 寿帽素履，发鬘皤皤。寿八十二，与世同波。
> 穷崖草木，枯腊风雨。七闽香火，家以为祖。
> 萨埵御天，宋有万姓，乃锡象服，名曰定应。[①]

文中"驱使草木，教诲蛇虎。愁霖出日，枯旱下雨。无男得男，无女得女"等语，指的是定光古佛的种种灵验事迹。诚如汪毅夫先生所论："在民间传说里，'定光'作为佛教世俗化的个案，以其世俗化程度过限而成为民间信仰之'俗佛'矣。"[②]

此外，在方志和笔记的记载中，亦可见不少由僧至

① 曾枣庄、刘琳主编：《全宋文》第九十一册卷一九九〇，上海辞书出版社、安徽教育出版社，2006，第389—390页。
② 汪毅夫：《从福建方志和笔记看民间信仰》，载氏著：《闽台缘与闽南风》，福建教育出版社，2006，第160页。

神的神祇。如《八闽通志》记：

英显庙。在县南新安里兑峰山。神姓萧，名孔冲，字仲谋，建安人。五代唐庄宗时（923—925）中甲科，不乐仕进，遂削发为僧，志行坚苦，能伏虎豹。既殁，邑人祠之。宋靖康初建，寇叶侬逼县境，神兵见于罗仑山，遂遁去。绍兴中（1131—1162），海寇掠获芦寨，神兵复现于九龙江，亦遁去。累封昭烈正顺公。宝祐元年（1253），夏大旱，乡人祷之，雨辄应。元监县抄耳赤以神有功于民，闻于朝，封卫善保济著祥公，赐今额。国朝洪武十八年（1385）重建，东阁大学士吴沉为记。①

① ［明］黄仲昭修撰：《八闽通志》（修订本）下册卷之五十八《祠庙·福州府连江县》，福建人民出版社，2006，第512页。

三、佛教俗神的功能世俗化

　　民间信仰具有世俗化的特点，神祇的功能和信众的崇拜行为往往是随意随俗的。[①] 佛教俗神的功能，也与信民的需求紧密结合。就福建而言，林国平教授认为："与旱涝、瘟疫和寇盗这三种古代福建主要灾害相联系，福建民间俗神中具有消除这三大灾害职能的神灵占绝大多数。"[②]

　　以清水祖师为例，他的最重要职能即是祈雨。南宋时期，清水祖师曾经四次得到朝廷的敕封。[③] 南宋淳熙十一年（1184）的敕封牒文，记载了信众向祖师祈雨获验的情况：

　　　　淳熙元年（1174），二月十八日，尤溪县大田保，温大立等，到岩投疏，称本保缺雨，

---

① 见汪毅夫：《随意随俗的走向与闽台民间信仰的共同进步》，载氏著：《中国文化与闽台社会》，海峡文艺出版社，1997，第87—96页。
② 林国平、彭文宇：《福建民间信仰》，福建人民出版社，2001，第25页。
③ 安溪县清水岩志编纂委员会：《清水岩志》，泉州市文物管理委员会，1989，第6—13页。

种不落土，牛疾灾损，民皆失望，乞请师像前去乡里，伏事香火，保护乡井，求乞雨水沾足。又德化县贵湖里，刘德崇等，到岩请师像前去伏事，至淳熙二年（1175）正月内，各处劝首温大六等，逐保各蒙保护，人民安泰，雨水沾足，年岁有收，设供答谢。淳熙六年（1179）九月缺雨，二麦虽已落土萌芽焦枯，本县知县承事郎赵勳，十二月十八日，委主簿迪功郎曹纬，迎请昭应大师，就县建置道场，为民祈雨，于二十日，果蒙感应，至念二日方晴，二麦生长，民人有收。淳熙七年（1180），大旱，禾麦焦枯，本县赵勳，再委主簿曹纬，于六月初二日登岩，迎请大师，为民祈雨，才迎出岩，去县约有五、六里地觉苑寺，降随车雨一节，遂迎师像入觉苑寺止歇，待一时辰稍霁，县官父老人等，出郊烧香，方迎入县祈祷；至初四日，方蒙感应，滂沛甘霖，至初八日方霁，当年秋有所收，民皆欢迎，父老人等，建立碑铭，具载灵迹……①

---

① 安溪县清水岩志编纂委员会：《清水岩志》，泉州市文物管理委员会，1989，第8页。

仅在这一篇牒文中，就提到了淳熙年间三次祈雨灵验的事迹。而《清水岩志》更详细记载了清水祖师历代祷雨的事迹。[①]从宋至清，真德秀、林泳、秃忽鲁、常居仁、王植等地方官都写过祭文，向清水祖师祈雨；[②]宋代的余克济、陈宓、李元宗、刘庞、钟国秀等还作过谢雨诗。[③]从以上记载可以看出，祈雨是清水祖师最为重要的职能。在传统农业社会中，降雨的时间和多寡，对于民众的生产和生活具有重要作用，也和王朝的政经形势甚至兴衰紧密相关。祈雨有验，是清水祖师获得地方官府扶植和朝廷承认的重要原因。

定光古佛也以祈雨旸灵验著名。生前，有前引《临汀志》所记郡守赵遂良、胡咸秩分别请其祈晴、祈雨获应；身后，"熙宁八年（1075），郡守许公尝表祷雨，感应，诏赐号'定应'"。[④]

---

① 安溪县清水岩志编纂委员会：《清水岩志》，泉州市文物管理委员会，1989，第84—85页。

② 安溪县清水岩志编纂委员会：《清水岩志》，泉州市文物管理委员会，1989，第99—110页。

③ 安溪县清水岩志编纂委员会：《清水岩志》，泉州市文物管理委员会，1989，第120—124页。

④ ［宋］胡太初修、赵与沐纂：《临汀志·仙佛》，福建人民出版社，1990，第166页。

　　需要说明的是，像清水祖师、定光古佛这样的地方性神祇，是地方官员祈雨时的首选对象。[①] 为什么地方官员要向地方性的神祇祈雨呢？这是因为：在中国传统社会，官员施行任职回避制度。如在宋代，官员一般不能在自己的原籍担任地方官，必须赴外地任职，官员的任期较短，一般 2 年至 3 年，因而调动频繁。[②] 在清代，

---

① 当然，在福建地区亦有以祈雨灵验闻名的全国性佛教神祇。清人施鸿保《闽杂记》云："鼓山涌泉寺窑变大士像，长三尺余，黑巾、蓝衣、白裳，两手倒持净瓶。自宋时崇奉至今，灵感甚著，祈雨尤应。每旱，大吏率属迎至于山叩祷，不数日即雨。将雨，则瓶中先有微水滴下，历验不爽。闽人尊信，犹吾乡之于天竺檀香大士像也。相传像在鼓山，寺僧护奉甚谨，祈雨异请，亦甚虔敬。一日，下裳忽无故自裂，僧众惊疑，不敢语人。未几，宫中祈雨大臣有言寺像灵感者，奉旨恭迎进京，及视有裂纹，遂不敢进。时闽省亦旱，乃以民方祷雨奏覆。上遂不问，人始知大士不欲去京，故自显异耳。"见 [清] 施鸿保撰、来新夏校点：《闽杂记》卷五 "窑变大士像" 条，福建人民出版社，1985，第 82 页。传教士卢公明亦曾记录，其时福州地方官向鼓山涌泉寺借一个 "名气很大" 的观音菩萨像祈雨："几乎每年在官府祈雨期间，总要派遣一个代表团到出东门十公里处的鼓山涌泉寺借一个名气很大的观音菩萨像。前一年夏天，福州知府和闽县知县担负了这个使命。护送的官员从南门出发，满脸严肃地徒步游行到这座建在山上的佛寺，用八个人抬回菩萨塑像。菩萨请来后，高级官员每天两次烧香，还有一班和尚不时地念经祈雨，直到终于如愿落下大雨。然后很快就举办谢恩烧祭。供了一大桌素菜，焚香点蜡烛烧纸钱，还烧了一张宣告已经落雨的符表。仪式完成后，欢天喜地地把菩萨送还寺庙。"见 (美) 卢公明著：《中国人的社会生活》，陈泽平译，福建人民出版社，2009，第 294 页。

② 朱瑞熙：《中国政治制度通史》第 6 卷（宋代），人民出版社，1996，第 8 页。

外官的地区回避包括自督抚至州县官，不许以本省人任本省职，有的虽非本省，但本人原籍与任地相距在500里以内，也得照例回避。^①作为一个与任职地域毫无渊源的地方官员，为了实行有效的管制，必须与地方精英进行合作。正如有学者所论："地方官员对地方祠神信仰的尊重不仅是因为他们在自然灾害的特殊情境下需要求助于它，更重要的是，代表祠神信仰或者说地方性传统的力量——父老、士人等群体——对于征收赋税、地方治安等方面都起着至关重要的作用。对于地方精英而言，与官方合作即可使地方传统得到官方的承认，而且，因为祈雨是关系到本地全体民众能否渡过困难的重大事件，借助官方力量参与祈雨活动的决策有利于加强其在地方社会的地位。相比而言，在祈雨活动的官民合作中，地方传统更为积极主动，也处于更为有利的地位。"^②

林国平教授曾论："但从佛教俗神的职能来看，它却与道教俗神没有不同，诸如占卜吉凶、祈祷雨旸、弥兵御寇、驱邪镇妖、祛灾赐福，等等职能，福建佛教俗神一应具全，这是福建佛教俗神崇拜的最突出的特

---

① 郭松义、李新达、杨珍：《中国政治制度通史》第10卷（清代），人民出版社，1996，第545页。
② 皮庆生：《宋代民众祠神信仰研究》，上海古籍出版社，2008，第194页。

征。"① 仍以定光古佛为例。到了南宋时期，社会矛盾尖锐、动荡不安，除了大规模的农民起义频发，亦时有零星的"寇盗"事件。与社会形势相适应，弭兵御寇成为定光古佛的主要职能。《临汀志》记：

> 绍兴三年（1133），虔寇猖獗，虔化宰刘仅乞灵于师，师于县塔上放五色毫光，示现真相，贼遂溃。②
>
> 绍定庚寅（1230），磜寇挺起，干犯州城，势甚炎炎，师屡现显。贼驻金泉寺，值大雨水不得渡，晨炊粒米迄不熟，贼众饥困。及战，师于云表，见名旗，皆有草木风鹤之疑，遂惊愕奔溃，祈哀乞命。汀民更生，皆师力也。③

四、僧人参与祠神信仰活动

---

① 林国平、彭文宇：《福建民间信仰》，福建人民出版社，2001，第265页。
② ［宋］胡太初修、赵与沐纂：《临汀志·仙佛》，福建人民出版社，1990，第166页。
③ ［宋］胡太初修、赵与沐纂：《临汀志·仙佛》，福建人民出版社，1990，第166页。

潘光旦在《中国人的宗教信仰》中曾说："在儒家人文思想无所不在的影响之下，普通中国人学会了对各种各样的人类差异保持宽容态度，对宗教的差异也是如此。"[①] 的确，在闽台社会普通民众的信仰实践中，制度化宗教和民间信仰畛域不显。僧人参与祠神信仰活动，即是佛教与民间信仰融合的又一重要表现，以下试举五例。

例一，唐宋时，福建许多祠庙是由僧人建立或掌管的。如福建方志中有不少僧人掌管龙神祠庙的记录。南宋淳熙《三山志》记：

> 灵泽庙，通仙门外。庙旧号五龙顺化王，塑位五方，配以方色……乾道二年（1166）夏不雨，王公之望一祷而应，岁则大稔，邦人曰："庙未有额，无以彰神之灵。"乃为请于朝，诏赐号"灵泽"。知闽县丁长卿为记。庙旁有田及莲塘二十余亩，州许租蠲，以僧掌之。[②]

---

① 潘光旦著：《中国人的宗教信仰》，吕文浩译，载潘光旦著、吕文浩编：《逆流而上的鱼》，商务印书馆，2013，第324页。

② ［宋］梁克家修纂：《三山志》卷之八《公廨类二·祠庙》，海风出版社，2000，第102页。

例二，《三山志》记载了僧人参与扩建五通庙的情况："康定元年（1040），陈绍济、僧怀轸与其徒复创屋七间。"[1]

例三，《八闽通志》记：

> 敏应庙。在永忠里。宋景德中（1004—1007），岩山院僧杜老因行水次，见大板画神像，丹青甚古，一夕梦神告之曰："吾姓刘，欲居此久矣，而未有所舍，敢以见浼。"杜老于是率乡人立庙，取画像祀之，祈祷多应。绍兴三年（1133）赐今额，封德威侯。[2]

例四，清人郭柏苍在《乌石山志》中记：福州南涧报国寺"自元以来，以寺旁之地祀疫神"。[3]

例五，厦门南普陀寺放生池畔立有一碑，碑文有云：

---

① ［宋］梁克家修纂：《三山志》卷之八《公廨类二·祠庙》，海风出版社，2000，第99页。
② ［明］黄仲昭修撰：《八闽通志》（修订本）下册卷之五十九《祠庙·建宁府建阳县》，福建人民出版社，2006，第528—529页。
③ ［清］郭柏苍纂：《乌石山志》卷之三《寺观》，海风出版社，2001，第76页。

"光绪丁未（1907）春，菩萨降鸾示：凿一池为放生，盖将俾水族遂生生不已之机，非徒壮寺外之观瞻也。"[①] 所谓"降鸾"，是一种常见的民间信仰活动。

五、结语

汪毅夫先生指出："宗教制度化的倾向、民间信仰世俗化的倾向是总体而言的倾向。在某些具体个案上，宗教不免世俗化的倾向、民间信仰亦有制度化的倾向。"[②] 本章所论的三种情况，都体现了制度化宗教与非制度化的民间信仰二者关系中，混杂与融合的方面。值得一提的是，研究制度化宗教与民间信仰的融合问题，具有一定的现实意义。正如本书第一章所指出的，目前，在我国绝大部分地区，政府有关部门管理与服务的对象主要还是五大宗教，对民间信仰的引导与管理工作还在探索中。在现行政策没有改变的情况下，如何发挥制度

① 何丙仲编纂:《厦门碑志汇编》，中国广播电视出版社，2004，第223页。
② 汪毅夫：《从福建方志和笔记看民间信仰》，载氏著：《闽台缘与闽南风》，福建教育出版社，2006，第159页。

化宗教对民间信仰的整合功能，解决民间信仰管理中民间信仰活动场所登记注册等现实问题、满足信众的信仰需要，值得进一步深入思考。

附录一

双翼结构视阈下的制度宗教世俗化

—— 以汉化佛教若干现象为中心

双翼结构是汪毅夫先生对民间信仰的研究成果。[①]
他在《从福建方志和笔记看民间信仰》一文中论述道：
"美德故事与灵验传说、纪念性祭祀与诉求性祭祀、'崇
德'与'报功'构成了民间信仰的双翼结构。"[②]事实
上，双翼结构同样适用于解释中国化制度宗教的世俗化
现象。本文将通过对观音应验传说、孝道理论与美德故
事、佛教淫祀化等汉化佛教若干现象的考察，试证明之。

一、观音应验传说：灵验传说的现实性

魏晋南北朝之际，刚传入中国的佛教注重义理的探

---

① 详见本书第一章。
② 汪毅夫：《从福建方志和笔记看民间信仰》，载氏著：《闽台缘与闽
南风》，福建教育出版社，2006，第 171 页。

讨，以迎合当时知识精英阶层的清谈风气、获得上层统治者的支持。当时，在汉译《维摩经》中作为使者与维摩诘进行辩论的文殊菩萨地位崇高，他的信仰基础是知识群体。但佛教人士逐渐发现，"佛教越普及越向下层发展，以文殊菩萨为代表的'学理派'就越吃不开了"，[①]因为对于普通大众而言，修行方式越简单越好。于是文殊信仰逐渐向观音、地藏信仰过渡。也就在这一时期，出现了一些讲述因果报应的通俗读物，即鲁迅所谓"释氏辅教之书"。[②]通过对这些口耳相传的应验传说进行考察，可以发现早在佛教汉化之初，观音菩萨的信仰就具有世俗化的特点。

首先，民间信仰中"信民的主要期望乃在于'现世现报'和'有求必应'（如所谓'祈福赐福'、'求子得子'、'有烧香有保佑'），而不在乎'来生幸福'或'死后升入天堂'"。[③]观音信仰具有这一特点，如：

---

① 白化文：《汉化佛教与佛寺》，北京出版社，2009，第 103 页。

② 鲁迅：《中国小说史略》，载《鲁迅全集》第 9 卷，人民文学出版社，2005，第 56 页。

③ 汪毅夫：《"崇德报功"与妈祖信仰的双翼结构》，载氏著：《闽台历史社会与民俗文化》，鹭江出版社，2000，第 62 页。

有一人姓台，无儿息，甚自伤悼。于是就观世音乞子，在众僧前誓曰："若以余日生儿，更非瑞应。唯以四月八日生者，则是威神之力。"果以四月八日产一男，即字为观世音。（《系观世音应验记》）[1]

不仅求子得子，信观音还能祛病禳灾：

道豫道人说，有一癞病人，其家欲远徙之。病者求得小停，便于佛前以身布地，绝念观世音。经日不起，体已冷直，唯气不尽。忽起自言："所病得差。"便见不同，十日中，都好平复。（《系观世音应验记》）[2]

宋元嘉中，吴兴郭尝大火，治下民人居家都尽。唯一家是草屋，在火腹，独在。太守王韶之出见火，以为怪异。使人寻问，乃郡吏家也。

---

[1] 董志翘：《〈观世音应验记〉三种译注》，江苏古籍出版社，2002，第173页。

[2] 董志翘：《〈观世音应验记〉三种译注》，江苏古籍出版社，2002，第201页。

> 此吏素不事佛，但恒闻王道光世音，因火切起诚，
> 遂以至心得免也。（《系观世音应验记》）①

麻风病人因呼唤观世音而痊愈，从不信佛的人只是在火灾来时起了诚念就保住了草屋，诸如这样的灵验传说契合了受尽苦难的普通民众之心理需求，体现了信仰和世俗生活密切混合的特点。

其次，"任何一种宗教如佛教或道教都具有自成系统的关于理论（教理、教义）和制度（教仪、教规）的学说"，②但信众求得观音帮助的方法却很简便——念观音名号，这就使制度宗教的仪式得到了最大的简化，从而深入民众。而观音对于信众，则不论其贫富贵贱、是否有前科，只要坚定信仰，一律拯救解脱。《系观世音应验记》中有两则传说，对比参看，十分有趣：

> 北有一道人，于寿阳西山中行。忽有两人
> 出劫之。缚胛著树，欲杀取衣物。道人至心唤

---

① 董志翘：《〈观世音应验记〉三种译注》，江苏古籍出版社，2002，第66页。

② 汪毅夫：《从福建方志和笔记看民间信仰》，载氏著：《闽台缘与闽南风》，福建教育出版社，2006，第155页。

观世音，遂劫斫之不入。因自大怖，放舍而去。①

　　僧苞道人说：昔尝出行，见官司送六劫囚。
囚见道人，告曰："我必无活理，道人事何神？
能见救不？"有一阿练莫知所从，语之曰："有
观世音菩萨，能救众生。汝至心念之，便可脱。"
囚大欢喜，于是同共存念。行从一市郭过，部
送吏共饮酒，因而醉卧，悉脱衣仗。诸囚夜忽
觉枷锁自宽，试动即脱。因取人袄官杖，著之
而去。②

　　第一则中主人公路遇劫匪，呼唤观音而得救；第二
则中六个抢劫犯在僧人指点下念诵观音名号而逃脱，都
是观音应验的结果。世俗化的观音信仰因此能够深入最
广大的民众，而在信徒看来，观音也是最具"现实性"
的佛教神祇。关于这点，白化文先生提供了一个生动的
例子："抗日战争时期，陪都重庆有许多防空洞，洞口

---

① 董志翘：《〈观世音应验记〉三种译注》，江苏古籍出版社，2002，
第82页。
② 董志翘：《〈观世音应验记〉三种译注》，江苏古籍出版社，2002，
第122页。

内外常见有小佛龛，其中供的一律是观音像。"①

二、孝道理论与美德故事：对世俗宗法制的调和

"中国佛教宣传得最多的伦理道德观念是'孝'，因此孝道便成了中国佛教伦理道德的重心。"②佛教孝道论的实质，是对世俗宗法制度的调和。在传统的中国专制社会，与分散的小农经济相适应，早在周代便形成了宗法制度——"这种血缘亲族的关联，随着社会具体条件而和封建等级制度结合起来，因而构成了周代的宗法制度"。③这一制度所派生的宗法思想，将"孝"作为伦理道德的核心，维持家族组织和专制制度的支柱。"不孝有三，无后为大"，佛教僧人出家修行，无法在家侍奉父母，而不生育后嗣，被认为是最不孝的行为，受到历代儒家学者乃至统治者的抨击。孔飞力就认为，乾隆皇帝对僧人根深蒂固的怀疑反映了"儒教对于那些

---

① 白化文：《汉化佛教与佛寺》，北京出版社，2009，第 115 页。
② 方立天：《中国佛教与传统文化》，中国人民大学出版社，2010，第 194 页。
③ 叶国庆：《试论西周宗法制封建关系的本质》，载氏著：《笔耕集》，厦门大学出版社，1997，第 21 页。

'甘心剃发为僧，并不顾父母妻子，则行踪可疑'的人们所持有的更一般性的鄙视。在这方面，僧人的情况与受人歧视的太监相似——太监为了饭碗的缘故，而摒弃了生养后代这一最重要的尽孝的义务"。①

为了回应非难，适应宗法制度，调和"出家"与"孝亲"的矛盾，汉化佛教在理论和实践两个层面大力宣扬孝道论。

理论层面。汉化佛教通过翻译、注疏佛经，撰写专论，甚至制造"伪经"，宣扬孝道理论。涉及孝道的文献主要有《牟子理惑论》《喻道论》《孝闻说》等，最为全面系统的是北宋僧人契嵩的《孝论》。这篇文献"发明吾圣人大孝之奥理密意，会夫儒者之说"，②旨在调和佛教和儒家社会的世俗宗法制度。契嵩主要从以下三个方面论证了佛教的孝道理论。

第一，孝是天地间的根本法则。"天地与孝同理也，鬼神与孝同灵也。故天地鬼神，不可以不孝求，不可以诈孝欺。佛曰：孝顺至道之法。儒曰：夫孝，置之而塞

---

① （美）孔飞力著：《叫魂：1768年中国妖术大恐慌》，陈兼、刘昶译，上海三联书店，2014，第55—56页。

② 弘学选编：《中国佛教高僧名著精选》下册，巴蜀书社，2006，第1257—1258页。

乎天地；溥之而横乎四海；施之后世而无朝夕。故曰：夫孝，天之经也，地之义也，民之行也。至哉大矣！孝之为道也夫！"①

第二，孝与戒二者是统一的。"子亦闻吾先圣人，其始振也为大戒，即曰孝名为戒。盖以孝而为戒之端也，子与戒而欲亡孝，非戒也。夫孝也者，大戒之所先也。"②孝是佛教徒所必须遵守的戒律。

第三，出家人要"行"孝。父母在世时，要赡养父母："故律制佛子，必减其衣盂之资，以养父母也。"③父母去世后，要三年心丧："三年必心丧，静居，修我法，赞父母之冥。过丧期，唯父母忌日，孟秋之既望，必营斋，讲诵如兰盆法，是可谓孝之终也。"④

总之，契嵩认为佛教的孝道不仅与儒家的孝有理论上的一致性，而且要高于儒家的孝："夫孝，诸教皆尊之，而佛教殊尊也。"⑤

实践层面。首先，汉化佛教将"不孝"列入报应范围，

---

① 弘学选编：《中国佛教高僧名著精选》下册，巴蜀书社，2006，第1258—1259页。
② 弘学选编：《中国佛教高僧名著精选》下册，巴蜀书社，2006，第1258页。
③ 弘学选编：《中国佛教高僧名著精选》下册，巴蜀书社，2006，第1263页。
④ 弘学选编：《中国佛教高僧名著精选》下册，巴蜀书社，2006，第1263页。
⑤ 弘学选编：《中国佛教高僧名著精选》下册，巴蜀书社，2006，第1257页。

编造各种报应传说。《法苑珠林·送终篇第九十七·感应缘》"又具说地狱中事云：人一生恒不免杀生及不孝，自余之罪，盖亦小耳。"①不孝是与杀生同等的重罪，人若犯有不孝之罪将会在地狱中遭遇严责。

其次，汉化佛教在葬仪中增加了"孝"的观念。北宋末年，祖师荼毗葬法进一步走向仪轨化，葬仪过程中比拟儒家传统增加了"孝子""孝人"等观念，并以清规的形式固定下来。至南宋，清规中又增加了祖师忌辰等规定。《入众须知》首次提到"祖忌念诵"，即十月初五达摩忌，安排香花供养，念诵讽经或出班烧香。此外，另为开山祖师念诵酬经。《丛林校定清规总要》"当代住持涅槃"条目中，记载了葬仪中吊慰孝子、分俵孝衣、法事次第、衣盂估唱等内容。②

最后，汉化佛教以《盂兰盆经》为依据，宣扬目连救母的美德故事。把孝道和佛事活动结合起来，为救济双亲乃至七世父母而在农历七月十五举办盂兰盆会，这

---

① ［唐］释道世撰、周叔迦、苏晋仁校注：《法苑珠林校注》第6册，中华书局，2003，第2811页。

② 纪雪娟：《忠孝观建构加快佛教本土化进程》，《中国社会科学报》2018年10月8日，第5版。

是佛教日常规模最大、最受欢迎的法会。[1] 现存最早的福州地方志——南宋淳熙《三山志》卷之四十《土俗类二·岁时》"中元"条记：

> 盂兰盆会。州人以是日严洁厅宇，排设祖考斋筵，逐位荐献。贫者率在寺院，标题先世位号供设。[2]

又记：

> 游神光寺。寺有佛涅槃像，傍列十弟子，扪心按趾，哭泣擗踊，出涕失声之类。是日盂兰盆会，因怪像以招游人，遂成虚市，相传谓之看死佛。《旧记》闽王于薛老峰西作百道阶，

---

[1] 从南北朝开始，阴历七月十五日即成为一个重要节日。这个节日与制度化宗教有关——佛教在这天举行"盂兰盆会"，道教将这一天称为"中元节"，民间更流行的说法则是"鬼节"。太史文对鬼节的起源、形成与发展，鬼节与佛、道二教的关系，鬼节与祖先崇拜的关系以及鬼节所昭示的深层社会文化意义等，做出了考辨与解释。见（美）太史文著：《中国中世纪的鬼节》，侯旭东译，上海人民出版社，2016。

[2] ［宋］梁克家修纂：《三山志》卷之四十《土俗类二·岁时》，海风出版社，2000，第643页。

> 每岁中元，闽人盛游于此。王祠部逮《中元燕
> 百丈小楼》诗："薛老峰南更近西，小楼高阁
> 与云齐。中山酒熟中元节，归去从他醉似泥。"
> 近三十年来，人亦厌之，此游遂息。①

还有焚纸衣等孝亲行为：

> 焚纸衣。前中元一二日，具酒馔享祭，逐
> 位为纸衣焚献。②

与举行盂兰盆会相呼应，"目连入地狱救母的故事，
也缀成文学、绘画、戏剧等，进行形象化的宣传，如目
连变文、目连变相图、入地狱图和目连戏等，都广泛地
渗透到都市和乡村，在维系儒家的纲常名教和宗法制度
方面发挥了重要作用"。③ 如在莆仙戏《目连救母》中，
目连剃发为僧，出发点是"为子不能报本。咳，何以为

---

① ［宋］梁克家修纂：《三山志》卷之四十《土俗类二·岁时》，海风出版社，
2000，第643页。

② ［宋］梁克家修纂：《三山志》卷之四十《土俗类二·岁时》，海风出版社，
2000，第643页。

③ 方立天：《中国佛教与传统文化》，中国人民大学出版社，2010，第
197页。

人"？[①] 而目连和曹赛英的行为"孝烈双全世最奇，万古流传你名字"。[②] 再比如，福州本地节日"拗（窈）九节"也与目连救母的故事有关。《闽杂记》云："福州俗以正月二十九日为窈九，人家皆以诸果煮粥相馈，如吾乡十二月初八僧尼所送之腊八粥。俗谓目连僧救母之遗，故亦称孝子粥。"[③]《福州神俗》所记更为详细："据说目连的母亲被打入地狱后，目连想给母亲送点好吃的，但却被小鬼抢食了。后来，目连就在食物上加入红枣、芝麻等看是（似）很脏的东西。小鬼不愿吃，母亲就得食了。这一天正是农历正月廿九日。人们仿效目连的孝心，这一天出嫁的女儿必向父母送'孝顺粥'，又称'拗九粥'。这种习俗在福州最为普遍，一直流传至今，'拗九节'也成为'敬老节'了。"[④]

---

① 刘祯校订：《莆仙戏目连救母》，施合郑民俗文化基金会，1994，第159页。

② 刘祯校订：《莆仙戏目连救母》，施合郑民俗文化基金会，1994，第186页。

③ ［清］施鸿保撰、来新夏校点：《闽杂记》卷一"窈九"条，福建人民出版社，1985，第14页。

④ 黄启权主编：《福州神俗》，福建人民出版社，2010，第210页。

三、随意随俗：佛教淫祀化

汪毅夫先生认为："民间信仰是世俗化的，因而其'神道设教'之种种说法和做法往往具有拟人化和随意性的特点。"[①] 通过对佛教淫祀化的考察，可以发现世俗化的制度宗教也具有随意随俗的特点。

佛教淫祀化的表现之一，是印度佛教中原有的一些神祇在佛教汉化过程中被改造了。如鬼子母，在印度佛教中是吃人的母夜叉，后皈依佛门成为天神。但在中国的寺院中，基本是一副贵族中年妇女的形象，仪表慈祥。又如佛祖释迦牟尼的生母摩耶夫人，在唐代也作为送子神明被专门供奉，成为不孕妇女的祈求对象：

> 唐宝应中（762—763），越州观察使皇甫政妻陆氏，有姿容而无子息。州有寺名宝林，中有摩母神堂，越中士女求男女者，必报验焉。政暇日，率妻孥入寺，至摩母堂，拈香祝曰："祈一男，请以俸钱百万贯缔构堂宇。"陆氏又曰：

---

① 汪毅夫：《从福建方志和笔记看民间信仰》，载氏著：《闽台缘与闽南风》，福建教育出版社，2006，第156页。

"倘遂所愿，亦以脂粉钱百万，别绘神仙。"
既而寺中游，薄暮方还。两月余，妻孕，果生男。
（《太平广记》卷 41 "黑叟"条引《会昌解颐》
及《河东记》）①

如此的祈求心理和方式，明显具有中国民间信仰的
色彩。

佛教淫祀化的表现之二，是在汉化寺院中加入佛教
所没有的神明形象。如在罗汉堂中，常可以见到本土的
罗汉——济公。又如北京碧云寺第四百四十四尊罗汉称
为"破邪见尊者"，为帝王戎装形象，是笃信佛教的乾
隆皇帝为自己所立的罗汉像。更有意思的例子是，云南
昆明筇竹寺内清末所塑五百罗汉像中，出现了耶稣的形
象。据白化文先生推测，原因是"那时法国占领了越南，
英国占领了缅甸，他们的传教士经常越界深入云南，进
行种种活动。云南本是佛教盛行之区，对基督教教义自
然格格不入，但慑于列强的淫威，对那些教士的公开传
教也无可奈何。好在佛法广大，无所不包，倒不如承认
耶稣也是一个罗汉，他们宣传的教义可以包括在佛法之

---

① 转引自贾二强：《唐宋民间信仰》，福建人民出版社，2002，第 376 页。

中"。[1] 立像者这种类似阿 Q 的心理，反映了汉化佛教世俗化中"随意随俗"的特点。

佛教淫祀化的表现之三，是民众对佛教俗神的供奉。汪毅夫先生曾对闽西地区的佛教俗神"定光古佛"和"伏虎禅师"进行过考察，[2] 他还根据方志，考察了福建地区从宋至清屡毁屡建的五通庙。[3] 而五通庙所供奉的五通神，正是源自佛教的俗神。所谓"五通"，是佛教指修行者所达到的五种神力：

> 五通者：一神境智通；二天大眼智通；三天耳智通；四他心智通；五宿住随念智证通。此五皆以慧为自性，已说自性当说所以。问：何故名通？答：于自所缘无倒了达，妙用无碍，故名为通。(《阿毗达磨大毗婆沙论》卷 141《大种蕴第五》) [4]

---

[1] 白化文：《汉化佛教与佛寺》，北京出版社，2009，第 139 页。

[2] 见汪毅夫：《从福建方志和笔记看民间信仰》，载氏著：《闽台缘与闽南风》，福建教育出版社，2006，第 160 页；汪毅夫：《客家民间信仰》，福建教育出版社，1995，第 156—166 页。

[3] 汪毅夫：《从福建方志和笔记看民间信仰》，载氏著：《闽台缘与闽南风》，福建教育出版社，2006，第 167—168 页。

[4] 转引自贾二强：《唐宋民间信仰》，福建人民出版社，2002，第 347 页。

早在南北朝时已有五通的传说。到了宋代，关于五通神的记载大量出现，五通神信仰在长江流域十分普遍，同时在福建和两广也有信众。在《三山志》中已有关于五通庙的记载：

> 五通庙。通津门之外河南岸，《旧记》亦名龙官庙。相传王氏入闽，州邑同井，许民咸得立祠。斯庙之址，昔怀远驿之地也。景德中（1004—1007），叶宸陈熙等所建。康定元年（1040），陈绍济、僧怀轸与其徒复创屋七间，有进士方嵩为记。记云：占笔峰之上游，宅清渠之左界，厥地广袤，周回十寻。时所至庙祀，郡大姓咸世事之，今不衰。①

由僧人主持五通庙，说明了五通神和佛教的密切关系。

然而，"佛教的某些神明经过民间的改造，成为中国下层民众普遍敬奉的民间神道，已与原来的面目相去

---

① ［宋］梁克家修纂：《三山志》卷之八《公廨类二·祠庙》，海风出版社，2000，第99页。

甚远"。① 五通神究竟有何神通呢？文献记载莫衷一是。
从驱逐瘟疫、助人致富到扑灭火灾，近乎全能，且衍生
出其他俗神。如据王振忠的考察，福州地区瘟神信仰"五
帝"的产生，也受到了五通信仰的影响。② 值得一提的是，
在古代笔记小说中，走出佛门的五通往往以劣迹斑斑的
邪神面目出现。蒲松龄记曰：

> 南有五通，犹北之有狐也。然北方狐祟，
> 尚百计驱遣之；至于江浙五通，民家有美妇，
> 辄被淫占，父母兄弟，皆莫敢息，为害犹烈。③

五通神从未被官方和制度宗教承认，属于典型的"淫
祀"，历史上屡受官方打击，清人褚人获《坚瓠集》记：

> 苏俗酷尚五通神，供之家堂，楞伽山鼓乐
> 演唱，日无虚刻。河南汤公抚吴，严为禁止。

---

① 贾二强：《唐宋民间信仰》，福建人民出版社，2002，第357页。
② 王振忠：《近600年来自然灾害与福州社会》，福建人民出版社，
1996，第141页。
③ ［清］蒲松龄著、朱其铠主编：《全本新注聊斋志异》卷十《五通》，
人民文学出版社，1989，第1406页。

> 乙丑九月，公往淮上，值神诞，画船箫鼓，祭
> 赛更甚于昔。公归闻之，立拘僧至，将神像沉
> 于河，茶筵款待，一概禁绝。①

但是各地的五通庙在官方的打击下屡毁屡建，② 这主要应从信众的心理因素去分析。在民间信仰中，"人们祈求保佑的内容通常是求子嗣、治疾病、财运亨通、险途平安、功成名就。这些要求中任何一个的偶然实现，都可能成为被神化的英雄声誉远播的契机。在这一点上，信仰对一般百姓的价值，也就不只是政治伦理的奖赏，人们变得更加关注神灵是否应验"。③ 在宋人洪迈《夷坚志》中，"有二十多个故事都提到了这位邪神（五

① ［清］褚人获辑撰、李梦生校点：《坚瓠集》辛集卷之四"毁淫祠"条，载本社编：《清代笔记小说大观》，上海古籍出版社，2007，第1340页。汤公即汤斌，其禁毁淫祠之事还可见［清］王士祯撰、靳斯仁点校：《池北偶谈》卷四"毁淫祠"条，中华书局，1982，第79页。
② 见汪毅夫：《从福建方志和笔记看民间信仰》，载氏著：《闽台缘与闽南风》，福建教育出版社，2006，第167—168页；贾二强：《唐宋民间信仰》，福建人民出版社，2002，第357—358页。
③ （美）杨庆堃著：《中国社会中的宗教：宗教的现代社会功能与其历史因素之研究》，范丽珠译，四川人民出版社，2016，第132页。

通）"。① 例如，有五通神为人治病的故事：

> 德兴五显庙，本其神发迹处。故赫灵示化，
> 异于他方。淳熙三年（1176），弋阳周关须沅
> 州郡守阙未赴，卧病困笃。适上饶人汪保，躬
> 自负香案，将至其所居衫山抄题供施。庵赛僧
> 役吴行成欲为请药于神而未果。其夜，梦黄衣
> 人来谓曰："知汝欲请药，今大郎四郎在此，
> 何不遂行。"吴郎随往一所，登重楼之上，见
> 衣冠者一人、云巾鹤氅者一人并坐。二童傍立
> 治药，侍卫甚盛，肃整无哗。吴再拜致词，衣
> 冠者曰："何不早来？"顾鹤氅者曰："四哥
> 可给药与之。"吴谢而寤。于是，用翌日诣谒，
> 且以梦祷。才掷一珓，即得药。如香灰中枣，
> 归告于周。于是八月朔日，遣介迎像至万居，
> 将建佛事为报。神又赐以药，是日便能加飧饭。
> 凡里社赖以愈疾者数百人。周一妾绝食八十日，
> 族人子病惊风，皆获安。方氏女因痘疹坏目，

---

① （美）万志英著：《左道：中国宗教文化中的神与魔》，廖涵缤译，
社会科学文献出版社，2018，第2页。

失明数岁，复见物。俗言第四位神显灵。昭济
广顺公素好道，斋戒专务施药，以积阴功，故
效验章章如此。周自作记述其事。[1]

有士人向五通神祈求功名的故事：

福州长溪人林刘举在国学，淳熙四年
（1177），将赴解省，祷于钱塘门外九西五圣行祠。
梦成大殿，见五人正坐，著王者服，赞科如礼。
闻殿上唱云："五飞云翔，坐吸湖光。子今变化，
因溯吾乡。"觉而不能晓。是秋获荐，来春于
姚颖榜登科黄甲，注德兴尉。既交印，奠谒五
显庙，知为祖祠，始验梦中之语。[2]

---

[1]　［宋］洪迈撰、何卓点校：《夷坚志》三志己卷第十"周沅州神药"条，
中华书局，1981，第1378—1379页。
[2]　［宋］洪迈撰、何卓点校：《夷坚志》三志己卷第十"林刘举登科梦"
条，中华书局，1981，第1379页。

　　此外，还有一些城市居民向五通神祈求发财致富。[①]
台湾作家张大春曾在志怪小说《现世报》里，记述南宋
淳熙年间杭州一个贪婪的酒商沈一，向五通神求富贵反
被戏弄的情节。[②] 可以说，只要类似的心理因素存在于
民众中，如五通神这样契合世俗生活中人们心理需求的
俗神就会存在和流布。民间信仰满足了大量底层民众的
精神需求，正如潘光旦在《迷信者不迷》中所言："理
想之于有智识的人，就等于偶像之于无智识的人。……
偶像打不破，打破了就没有生命。"[③] 如何对待这样的
信仰现象？在中国传统社会，官方最常用的方法是毁淫
祠。福建历史上最早的一起毁淫祠事件，是淳熙《三山
志》所记："古田宁境庙，县西一里……景德中（1004—
1007），李堪为宰，毁淫祠数百，独不废侯祠。"[④] 但

---

① 见理查德·冯·格兰：《财富的法术：江南社会史上的五通神》，载（美）
韦斯谛编：《中国大众宗教》，陈仲丹译，江苏人民出版社，2006，第
143—196 页；（美）万志英著：《左道：中国宗教文化中的神与魔》第
七章《财富的魔力》，廖涵缤译，社会科学文献出版社，2018，第 244—
281 页。

② 张大春：《离魂》，海豚出版社，2010，第 47—53 页。

③ 潘光旦：《迷信者不迷》，潘光旦著、吕文浩编：《逆流而上的鱼》，
商务印书馆，2013，第 318 页。

④ [宋]梁克家修纂：《三山志》卷之九《公廨类三·诸县祠庙》，海
风出版社，2000，第 118 页。

由于不尊重民众的信仰权利，毁淫祠往往流于徒劳。对此，《三山志》的作者提出了自己的看法："二公（李堪和蔡襄）愤惋至矣，然不择贵贱，愚者常易惑；不问富贫，弱者常易欺；故风俗至今未能尽革。每一乡，率巫妪十数家，奸民与为道地，遇有病者，相为表里，既取其货赆，又使其不得访医问药以死，如是者可痛也。夫愚弱者，必赖聪明有力气者救助教诱之，仁者不可不知。"①《三山志》的作者认为，毁淫祠并不能从根本上解决民间信仰存在的消极方面。根本解决之道还在于"聪明有力气者救助教诱之"，意即强调对于民众的教育和引导。这一看法即使在近千年后的今天看来，也是具有积极意义的。

四、结语

关于汉化佛教世俗化表现的个案不胜枚举。如汪毅夫先生记录过以下情形：民间私建寺观，寺观内神像、佛像和"亲像"（祖先之像）杂陈；僧尼参与民间迎神

---

① ［宋］梁克家修纂：《三山志》卷之九《公廨类三·诸县祠庙》，海风出版社，2000，第118—119页。

打醮和丧葬诵经、超度等活动，个别寺殿仿效多神庵庙设签筒于香案，供人问卜吉凶，以获取檀越施舍；佛被当作土地神，六祖慧能被视同书籍商贾的行业保护神。[1]他还注意到厦门南普陀寺放生池的碑文中有"菩萨降鸾"之语，[2]等等。宗教研究既需要个案研究，也需要理论创新。制度宗教的中国化进程与世俗化是紧密结合的，世俗化是民间信仰的显著特点。双翼结构既能描述民间信仰，也适用于解释中国化的制度宗教，为宗教学研究提供了新的范式，具有重要的理论价值。

---

[1] 汪毅夫：《客家民间信仰》，福建教育出版社，1995，第2—4页。

[2] 汪毅夫：《闽南碑刻札记》，载氏著：《闽台缘与闽南风》，福建教育出版社，2006，第241—242页。

附录二

从福建科举灵验传说
看民间信仰的道德取向

——以《夷坚志》为中心

一、引言

宋代，在重文抑武国策的指导下，科举制度得到了健全和完善，极大地吸引了读书人走科举入仕之路。福建是科举发达的地区，刘海峰教授指出："全国各地考生通过统一的考试进行可资比较的考试竞争，因此科举活动的盛衰和中举及第人数的多寡便成为衡量一个地区文风高下和教育水平高低的最主要、最客观的评价指标。在宋代，福建进士及第人数为全国之最，成为无可争议的科举文化发达地区使福建从唐以前文化教育相对落后地区一举跃升为人文荟萃的奥区。"① 但中国传统社会

---

① 刘海峰、庄明水：《福建教育史》，福建教育出版社，1996，第3页。

的科举考试，是一种规定了录取名额的"有限竞争"。在各级考试的激烈竞争中，应试者不断被淘汰，无缘一探龙门。从生员到中进士，大概只有几千分之一的机会（见下表）。

科举时代历朝年平均录取进士数 [1]

	录取进士总数	朝代总年数	年平均录取进士数
唐	6546	289	23
北宋	18523	167	111
南宋	23649	152	155

不仅录取机会渺茫，而且对很多考生而言，投入的时间和精力并不能与考试的结果成正比。科举环节众多，每一个细节都关系到考试能否成功。从考生方面来说，考试时的身体情况，家中有无丧服，考前宿构能否命中，临场答题是否因为紧张而出现犯讳、脱韵、错别字，甚至试卷誊录者的书法好坏，都会影响考试结果。从考官方面来说，他们有各自的评判标准，同一份答卷在不同考官手中很可能得到截然不同的成绩。竞争的激烈与考

---

[1] 王日根：《中国科举考试与社会影响》，岳麓书社，2007，第45页。笔者在引用此表时，只截取了唐、北宋、南宋。

试过程的不确定因素，给士子带来了极大的精神压力，增加了他们的无力感。在压力之下，考生们竭尽所能地以各种方法求取成功之道，包括求助于外界的神秘力量，如祈梦、扶乩等。这些与科举有关的民间信仰行为，无疑体现了民间信仰的功利性特点。但在与科举有关的灵验传说中，却亦反映出民间信仰的道德取向。

二、科举灵验传说中的因果报应因素

民间信仰的道德取向突出表现在灵验传说多以因果报应为主题，劝人向善。宋人洪迈《夷坚志》所记与闽人闽地有关的科举灵验传说中，有三则蕴含了因果报应之因素，兹引如下。

其一，不贪钱财得报。支乙卷第八"张元干梦"条记曰：

张楠，字元干，福州名士也，入太学为学录。既优列解籍，而省试不利，乃诣土地祠祷曰："楠虽不肖，自觉学业程文不在侪辈下，今而失意，其必有说。敢以请于神。"是夕梦神来谒，语之曰："君当登科，缘以比者受无名之钱四百三十几贯几百几十文，为此遭黜。"楠觉而默然，念身为寒士，安有是哉。时诸生从受业者闻师赴省，各随力致助，然度其数亦不能多，意其必用此故。试取记事小册逐一算计，与神言合，贯百分文畸零不少差。然后大悟，遍以告人，使知非己之财，不可妄得如此。续以上舍赐第。[①]

其二，安葬亡者得报。支景卷第三"三山陆苍"条记曰：

傅敞，字次张，潍州人。为士子时，以绍兴二十年（1150）过吴江，纵步塔院，见僧房竹轩雅洁，至彼小憩。其东室有殡宫，问为谁，僧云："数岁前知县馆客身故，闻其家在福建，无力归窆，因权厝于此。"敞恻然怜之。既还身次，是夜梦儒冠人持名纸来见，曰三山陆苍，自叙踪迹，与僧言同。将退，拱白曰："旅魂栖泊无依，君其念我。"明旦，敞以告邑宰，

---

① ［宋］洪迈撰、何卓点校：《夷坚志》，中华书局，1981，第858—859页。

亦有旧学院小吏知其事者，遂迁葬于官地上，仍修佛果资助之。至七月，敞赴转运司试，寓西湖小刹，复梦陆生来，再三致谢，且云："举场三日题目，苍悉知之，谨奉告，切宜勿泄。若泄之，彼此当有祸。"敞窬而精思属稿，洎应试，尽如其素，于是高擢荐名。[①]

其三，救人性命得报。《夷坚志》补卷第三"高南寿捕盗"条记曰：

> 高南寿，福州人。赴省试，道出衢州境，憩大木下，闻有人声喀喀出于后，回首觑之，一男子方投缳，气犹未绝。急为解索，酌水灌救，移时而甦，云："身是开化弓手，尉逸一妾，遣迹捕盗，知其在豪子家，为他郡牙侩转贴数十千，欲办取赎，尚欠钱三万，家素穷空，无由足其数，而子侄婿充役，若徒步归报，必遭谴怒，计无所出，宁以身就死，庶不贻家祸也。"高恻然，倾囊资三十千与之，遂行。是岁登科，

适调开化尉。既到官，询问所救之人，则亡已
久矣。邑有凶盗劫巨室，州督捕甚峻，至阁尉
门不启，期以必得。高大窘，独步小亭上，旋
绕百匝，未有计。忽有拜于阶下者，惊问何人，
曰："官人无怖，某乃昔年蒙恩再生者。今虽死，
念无以报德，偶知寇所在，故来告。其人方醉
卧郭外神庙中，宜亟往擒之。"高即集部曲出门，
鬼导于前，至一大庙，群盗正祀神饮福，醺然
醉寝，两辈差不醉，方收拾器皿，遂悉缚之，
不遗一人。①

为什么因果报应会成为科举灵验传说的主题呢？首
先，这与中国民间信仰中的"命运"观念密切相关。杨
庆堃曾论："通过对来世善恶报应的期望，尤其是'命运'
观念的广泛流行，宗教不仅使道德规范神圣化和威严化，
同时帮助消除了伦理价值在实际操作中的虚妄性。这里
必须重申的是，尽管道德和宗教之间有着千丝万缕的联
系，获得了宗教支持的道德秩序在本质上仍是世俗的，

---

① ［宋］洪迈撰、何卓点校：《夷坚志》，中华书局，1981，第1570—
1571页。

并且作为一个结构主体独立于宗教之外。这一重要特质
使中国宗教同西方宗教有很大的区别，中国宗教将伦理
体系和对超自然力的崇拜融为一体。"①实际上，作为
中国传统社会"神道设教"的重要内容，"因果报应"
不仅讲"来世报"，更讲"现世报"。从以上三则灵验
传说可以看出，传说的制造者意图宣扬因果报应，以劝
世人积德行善。在传统社会，科举得失对士子而言是一
件头等大事，人们很容易将它与因果报应联系起来。

　　其次，报应说的流行亦与科举士人的出身有关。正
如何忠礼教授所指出："在当时有条件参加科举考试的
士人，除少数人出身贫寒以外，多数人是官僚、地主、
富商子弟，不仅他们的父兄有可能做出有损'荫德'之
事，本人也可能会依仗权势和钱财，危害乡里。社会上
就有人会牵强附会地借助这种科举迷信，以达到宣扬积
德行善、惩戒为富不仁者的目的。参加科举考试的士人，
也企图利用积德行善来求得鬼神的保佑。"②

---

① 〔美〕杨庆堃著：《中国社会中的宗教：宗教的现代社会功能与其历
史因素之研究》，范丽珠译，四川人民出版社，2016，第226页。
② 何忠礼：《略论宋代的科举迷信及其对士人的影响》，《浙江大学
学报（人文社会科学版）》2009年第1期，第123页。

三、科举灵验传说中的道德教化因素

除了宣扬因果报应，科举灵验传说中还有道德教化的因素。如《夷坚志》甲志卷第七"不葬父落第"条记曰：

> 陈杲，字亨明，福州人。贡至京师，往二相公庙祈梦。夜梦神曰："子父死不葬，科名未可期也。"杲犹疑未信。明年，果黜于礼闱。遂遣书告其家，亟庀襄事。后再试登第。[①]

久丧不葬在古代福建、乃至整个中国传统社会都是一个重要的问题，历代政府均通过制定政策来纠正这一风气。如《宋史》记："元祐中（1086—1094），又诏御史台：'臣僚父母无故十年不葬，即依条弹奏，及令吏部候限满检察。尚有不葬父母，即未得与关升磨勘。如失检察，亦许弹奏。'"[②]

上引《夷坚志》所记事例说明，神祇灵验传说中所蕴含的道德教化因素与当时的社会情况紧密相关，而考

---

① ［宋］洪迈撰、何卓点校：《夷坚志》，中华书局，1981，第58页。
② ［元］脱脱等撰、中华书局编辑部点校：《宋史》卷一百二十四志第七十七，中华书局，1985，第2912页。

生对于神启的回应也有现实利益的考量。

　　灵验传说中还包含不破坏他人姻缘的教化内容，这亦体现了民间信仰的道德取向。例如，林寿农在《三坊七巷与历史名人》一文中曾记：福州吉庇巷又名"魁辅里"，取魁星庇护之意，民间传说宋人郑性之家贫穷，耕读不辍，其妻贤淑而秀外慧中，性之夜读每送茶书房之内，时见魁星出现于性之背后，以是知其将来必有功名之分。忽一日半夜送茶不见魁星，因此怀疑其夫必定做了有伤阴骘之事，经再三严诘，乃知其夫为了二两银子，替人家写了离婚笔据，其妻谏此事不可为，性之于次晨托词取回离婚字据，还他银子，是夜其妻送茶，又见魁星出现于其夫之背后。后郑性之于南宋嘉定元年（1208）登进士第。[①]值得一提的是，这个传说母题在福建还有多个版本。如陈支平教授在《张国琳〈惠安历史人物新编〉序》一文中回忆道："我出生在惠安农村的穷乡僻壤，小时候母亲给我讲过两个小故事，至今不能忘怀。"其中一个故事的大意是：古早家乡有一个大官，他小时候在邻村的私塾读书，每天早出晚归。家中慈母

---

① 福建省政协文史资料委员会编：《文史资料选编·社会民情编（新中国成立前史料）》，福建人民出版社，2001，第566页。

甚为牵挂担心，每日夜色来临，必至村口眺望伫候。孩儿趁夜归来，虽伸手不见五指，远望必有一盏红灯相随，风雨无阻。慈母心中深感安慰，知道孩儿日后必然成器，不负自己含辛茹苦。某日夜色漆黑如常，孩儿远远归来，不见红灯相随。慈母严杖孩儿，责问当天做何无德之事。孩儿跪泣良久，方悟今日为一夫妻写过休书。慈母命其明日务必索回，读书之人可为人写婚书而不可滥写休书也。次日孩儿遵命索回休书，夜晚归来，身边红灯相随如故。后终成有德名臣。此人就是明末清初的王忠孝，于明崇祯元年（1628）中进士。①

科举传说中的道德教化因素，亦与"命运"观念有关。杨庆堃认为，对道德行为加以鼓励的形式之一，是有关"命运"的传统观念。对"命运"的认知启发了儒家通过天命说来判定人们的道德行为。借天命之名，人们不论成功或是失败，终其一生都要履行他们的道德责任；而相对于命中注定会获得的成功，其中间的失败只是为最后胜利作出的必要牺牲。鼓励人们遵守道德标准的另一种手段是神化那些象征道德的人物，塑造一个道德理

---

① 陈支平：《史学碎想录》，福建人民出版社，2012，第232—233页。

想、典范。[①]

四、结语

民间信仰的世俗化，首先在于用功利主义的眼光来看待人与超越界的关系，在与科举有关的民间信仰活动中，考生最大的诉求始终是考试成功、一跃龙门，为此，他们将儒家"远鬼神"的要求置于脑后，转而相信、祈求神明以各种方式提供预言与征兆。但是也应该看到，"崇德"与"报功"、美德故事与灵验传说，构成了民间信仰的双翼。"崇德"仍然是民间信仰的核心价值。我们不能因为信民的世俗化、功利化行为，而忽略了民间信仰所包含的积极因素。正如汪毅夫先生在《"崇德报功"与妈祖信仰的双翼结构》一文中所指出的："从信民对神明的态度来考察，同严格意义上的宗教相比照，我们可以看到民间信仰的一个特点：一般说来，信民的主要期望乃在于'现世现报'和'有求必应'（如所谓'祈福赐福''求子得子''有烧香有保佑'），而不

---

① （美）杨庆堃著：《中国社会中的宗教：宗教的现代社会功能与其历史因素之研究》，范丽珠译，四川人民出版社，2016，第223页。

在乎'来生幸福'或'死后升入天堂'。常见有论者据此特点认定民间信仰'灵验本位'和实用实利的取向，对民间信仰的道德取向却毫无认知。"①

本文考察了《夷坚志》等文献中所记载的科举灵验传说。无论是其中的因果报应主题，还是道德教化因素，都表明虽然在士子信仰行为中，能否金榜题名是其最为重要的考虑，但"崇德"仍然是科举灵验传说的核心价值，从中我们还是可以看出民间信仰的道德取向。

---

① 汪毅夫：《闽台历史社会与民俗文化》，鹭江出版社，2000，第62页。

参考文献

（按文献责任者音序排列）

一、基本文献

A

安溪县清水岩志编纂委员会：《清水岩志》，泉州市文物管理委员会，1989。

B

本社编：《清代笔记小说大观》，上海古籍出版社，2007。

C

［明］陈侃等：《使琉球录三种》，大通书局，1984。

D

戴凤仪纂：《郭山庙志》，中国文联出版社，1999。

戴希朱总纂：《（民国）南安县志》，南安县志编纂委员会，1989。

[清]董诰等编：《全唐文》，中华书局，1983。

董志翘：《〈观世音应验记〉三种译注》，江苏古籍出版社，2002。

F

福建省文史研究馆整理：《万历福州府属县志》，方志出版社，2007。

福建省政协文史资料委员会编：《文史资料选编·社会民情编（新中国成立前史料）》，福建人民出版社，2001。

福州鼓楼区民间文学三集成编委会：《中国歌谣集成福建卷·福州鼓楼区分卷》，福州鼓楼区民间文学三集成编委会，1989。

G

郭白阳撰：《竹间续话》，海风出版社，2001。

[清]郭柏苍纂：《乌石山志》，海风出版社，2001。

H

何丙仲编纂：《厦门碑志汇编》，中国广播电视出版社，2004。

何九盈、王宁、董琨主编：《辞源（第3版）》，商务印书馆，2015。

［明］何乔远：《闽书》，福建人民出版社，1995。

［宋］洪迈撰、何卓点校：《夷坚志》，中华书局，
1981。

弘学选编：《中国佛教高僧名著精选》，巴蜀书社，
2006。

胡朴安：《中华全国风俗志》，上海科学技术文献
出版社，2008。

［宋］胡太初修、赵与沐纂：《临汀志》，福建人
民出版社，1990。

［清］黄叔璥：《台海使槎录》，台湾中华书局，
1957。

［宋］黄岩孙：《仙溪志》，福建人民出版社，
1989。

［明］黄仲昭修撰：《八闽通志》（修订本），福
建人民出版社，2006。

J

蒋维锬编校：《妈祖文献资料》，福建人民出版社，
1990。

L

［清］里人何求纂：《闽都别记》，福建人民出版社，

2012。

　　[宋] 梁克家修纂：《三山志》，海风出版社，2000。

　　梁毅编：《敕封广泽尊王史料选辑——郭忠福》，新加坡南安会馆凤山寺，1996。

　　刘祯校订：《莆仙戏目连救母》，施合郑民俗文化基金会，1994。

　　（美）卢公明著：《中国人的社会生活》，陈泽平译，福建人民出版社，2009。

　　M

　　毛泽东：《毛泽东选集》第 1 卷，人民出版社，1991。

　　毛泽东：《毛泽东选集》第 2 卷，人民出版社，1991。

　　P

　　[清]蒲松龄著、朱其铠主编:《全本新注聊斋志异》，人民文学出版社，1989。

　　R

　　饶宗颐初纂、张璋总纂：《全明词》，中华书局，2004。

S

［清］施鸿保撰、来新夏校点：《闽杂记》，福建人民出版社，1985。

［唐］释道世撰、周叔迦、苏晋仁校注：《法苑珠林校注》，中华书局，2003。

（美）宋怡明编：《明清福建五帝信仰资料汇编》，香港科技大学华南研究中心，2006。

T

［元］脱脱等撰、中华书局编辑部点校：《宋史》，中华书局，1985。

W

［清］王士祯撰、靳斯仁点校：《池北偶谈》，中华书局，1982。

［明］无根子集、叶明生校注：《新刻全像显法降蛇海游记传》，施合郑民俗文化基金会，2000。

X

习近平：《在哲学社会科学工作座谈会上的讲话（2016年5月17日）》，人民出版社，2016。

习近平：《决胜全面建成小康社会 夺取新时代中国特色社会主义伟大胜利——在中国共产党第十九次全国代表大会上的报告（2017年10月18日）》，人民出版社，2017。

习近平：《为实现民族伟大复兴 推进祖国和平统一而共同奋斗——在〈告台湾同胞书〉发表 40 周年纪念会上的讲话（2019 年 1 月 2 日）》，人民出版社，2019。

［明］谢肇淛撰、傅成点校：《五杂组》，上海古籍出版社，2012。

［明］徐燉：《榕阴新检》，海风出版社，2004。

［清］徐景熹主修：《（乾隆）福州府志》，海风出版社，2001。

许怀中主编：《中国民间故事集成·福建卷》，中国 ISBN 中心，1998。

Y

叶春生主编：《典藏民俗学丛书》，黑龙江人民出版社，2004。

佚名：《绘图三教源流搜神大全（外二种）》，上海古籍出版社，2012。

Z

曾枣庄、刘琳主编：《全宋文》，上海辞书出版社、安徽教育出版社，2006。

［清］查慎行著、周劭标点：《敬业堂诗集》，上

海古籍出版社，1986。

郑丽生：《福州风土诗》，福建人民出版社，2012。

中国社会科学院历史研究所清史研究室编：《清史资料》第 1 辑，中华书局，1980。

诸仁海主编：《福建省志·气象志》，方志出版社，1996。

二、研究专著

B

白化文：《汉化佛教与佛寺》，北京出版社，2009。

C

陈梅卿：《说圣王·道信仰：透视广泽尊王》，台湾建筑与文化资产出版社，2000。

陈支平：《史学碎想录》，福建人民出版社，2012。

程民生：《神人同居的世界——中国人与中国祠神文化》，河南人民出版社，1993。

D

邓之诚：《中华二千年史》，东方出版社，2013。

F

方立天：《中国佛教与传统文化》，中国人民大学出版社，2010。

傅衣凌：《休休室治史文稿补编》，中华书局，2008。

傅佩荣：《儒道天论发微》，中华书局，2010。

G

顾颉刚：《顾颉刚全集·顾颉刚民俗论文集卷二》，中华书局，2011。

郭松义、李新达、杨珍：《中国政治制度通史》第10卷（清代），人民出版社，1996。

H

（美）韩森著：《变迁之神——南宋时期的民间信仰》，包伟民译，中西书局，2016。

黄敏枝：《宋代佛教社会经济史论集》，学生书局，1989。

黄启权主编：《福州神俗》，福建人民出版社，2010。

J

贾二强：《唐宋民间信仰》，福建人民出版社，2002。

K

Kenneth Dean, *Taoism and popular cults*

in Southeast China, Princeton University Press, 1993.

（美）康笑菲著：《说狐》，姚政志译，浙江大学出版社，2011。

（美）克里斯蒂安·乔基姆著：《中国的宗教精神》，王平等译，中国华侨出版公司，1991。

（美）孔飞力著：《叫魂：1768 年中国妖术大恐慌》，陈兼、刘昶译，上海三联书店，2014。

L

李亦园：《文化的图像》（下），允晨文化实业股份有限公司，1992。

林国平：《闽台民间信仰源流》，人民出版社，2013。

林国平、彭文宇：《福建民间信仰》，福建人民出版社，2001。

刘海峰、庄明水：《福建教育史》，福建教育出版社，1996。

刘泽华：《王权思想论》，天津人民出版社，2006。

（日）柳田国南著：《传说论》，连湘译，中国民间文艺出版社，1985。

鲁迅：《中国小说史略》，载《鲁迅全集》第 9 卷，人民文学出版社，2005。

鲁迅：《中国小说的历史的变迁》，载《鲁迅全集》第9卷，人民文学出版社，2005。

（美）罗伯特·芮德菲尔德著：《农民社会与文化——人类学对文明的一种诠释》，王莹译，中国社会科学出版社，2013。

吕宗力、栾保群：《中国民间诸神》，河北教育出版社，2001。

P

潘朝阳：《台湾汉人通俗宗教的空间与环境诠释》，厦门大学出版社，2008。

潘光旦著、吕文浩编：《逆流而上的鱼》，商务印书馆，2013。

皮庆生：《宋代民众祠神信仰研究》，上海古籍出版社，2008。

蒲慕州：《追寻一己之福——中国古代的信仰世界》，上海古籍出版社，2007。

T

（美）太史文著：《中国中世纪的鬼节》，侯旭东译，上海人民出版社，2016。

W

（美）万志英著:《左道: 中国宗教文化中的神与魔》，廖涵缤译，社会科学文献出版社，2018。

汪毅夫：《台湾社会与文化》，海峡文艺出版社，1994。

汪毅夫：《客家民间信仰》，福建教育出版社，1995。

汪毅夫：《客家民间信仰》，水牛图书出版事业有限公司，2006。

汪毅夫:《中国文化与闽台社会》,海峡文艺出版社，1997。

汪毅夫:《闽台历史社会与民俗文化》,鹭江出版社，2000。

汪毅夫：《闽台缘与闽南风》，福建教育出版社，2006。

汪毅夫：《闽台地方史论稿》，海峡书局，2011。

汪毅夫：《闽台妇女史研究》，海风出版社，2011。

王国荣：《福建佛教史》，厦门大学出版社，1997。

王日根：《中国科举考试与社会影响》，岳麓书社，2007。

王振忠：《近 600 年来自然灾害与福州社会》，福建人民出版社，1996。

（美）韦斯谛编：《中国大众宗教》，陈仲丹译，江苏人民出版社，2006。

X

谢重光、杨彦杰、汪毅夫：《金门史稿》，鹭江出版社，1999。

徐姗娜：《优孟在野》，人民出版社，2011。

徐晓望：《福建文明史》，中国书籍出版社，2017。

Y

（美）杨庆堃著：《中国社会中的宗教：宗教的现代社会功能与其历史因素之研究》，范丽珠译，四川人民出版社，2016。

叶国庆：《笔耕集》，厦门大学出版社，1997。

Z

（日）增田福太郎著：《台湾宗教信仰》，黄有兴译，东大图书股份有限公司，2005。

张大春：《离魂》，海豚出版社，2010。

张光直：《考古学专题六讲》，文物出版社，1986。

郑丽生：《郑丽生文史丛稿》，福建人民出版社，2009。

郑贞文：《闽贤事略初稿》，商务印书馆，1935。

朱瑞熙：《中国政治制度通史》第 6 卷（宋代），人民出版社，1996。

朱维幹：《福建史稿》，福建教育出版社，2008。

朱维铮：《走出中世纪》（增订本），中信出版社，2018。

庄恒恺：《傩与礼的融合——闽台厉鬼瘟神信仰研究》，九州出版社，2015。

庄孔韶：《行旅悟道：人类学的思路与表现实践》，北京大学出版社，2009。

三、论文报告

C

陈春声：《中国社会史研究必须重视田野调查》，《历史研究》1993 年第 2 期。

陈春声：《正统性、地方化与文化的创制——潮州民间神信仰的象征与历史意义》，《史学月刊》2001年第 1 期。

陈蓉：《广泽尊王信仰研究》，福建师范大学硕士学位论文，2008。

陈莹：《瘟神五帝信仰与晚清福州社会（1840—1911）》，福建师范大学硕士学位论文，2014。

陈支平、赵庆华：《中国历史与文化研究中民间文献使用问题反思》，《云南师范大学学报（哲学社会科学版）》2018年第4期。

F

费孝通：《中华民族的多元一体格局》，载费孝通著、方李莉编：《全球化与文化自觉—费孝通晚年文选》，外语教学与研究出版社，2013。

傅斯年：《历史语言研究所工作之旨趣》，载《傅斯年全集》第3卷，湖南教育出版社，2003。

H

何忠礼：《略论宋代的科举迷信及其对士人的影响》，《浙江大学学报（人文社会科学版）》2009年第1期。

J

纪雪娟：《忠孝观建构加快佛教本土化进程》，《中国社会科学报》2018年10月8日，第5版。

蒋竹山：《汤斌禁毁五通神——清初政治精英打击通俗文化的个案》，《新史学》第6卷第2期，台北，1995年。

蒋竹山：《宋至清代的国家与祠神信仰研究的回顾与讨论》，《新史学》第8卷第2期，台北，1997年。

L

李天锡：《广泽尊王信仰在华侨华人中的传播和影响》，《华侨大学学报（哲学社会科学版）》2004 年第 3 期。

李玉昆：《广泽尊王信仰及其传播》，《世界宗教研究》1997 年第 3 期。

林国平:《从临水夫人信仰看福建民间信仰的特色》，载叶明生、郑安思主编：《中国首届临水夫人陈靖姑文化学术研讨会论文集》，福建古田，2010。

林国平：《去巫化与正统化：民间信仰的生存和发展之路——以福建民间信仰为例》，《世界宗教研究》2013 年第 1 期。

P

潘文芳：《五帝的"正统性"与角色转换——以五帝剧本为分析素材》，《福建艺术》2013 年第 5 期。

Q

齐世荣：《略说文字史料的两类：官府文书和私家记载》，《历史教学问题》2013 年第 2 期。

W

汪毅夫：《客家研究新范式——评刘大可著 < 中心与边缘：客家民众的生活世界 >》，《学术评论》2013

年第 1 期。

王志浩、刘云娜、甘景镐:《一代学人郑贞文》,《中国科技史料》第 12 卷(1991)第 3 期。

X

徐心希:《试论榕台两地的五帝信仰与两岸民间交流》,《海交史研究》2007 年第 1 期。

Z

张志刚:《"中国民间信仰研究"反思——从田野调查、学术症结到理论重建》,《学术月刊》2016 年第 11 期。

庄恒恺:《多维视野中的福建祠神信仰研究》,福建师范大学博士学位论文,2013。

庄恒恺:《探寻"小传统"的当代价值——徐姗娜著〈优孟在野〉评介》,《宁德师范学院学报(哲学社会科学版)》2015 年第 3 期。

后　记

2017 年，我以"闽台祠神信仰同源性与文化认同研究"为题申报国家社会科学基金项目，有幸获批，项目编号 17CMZ023。一年多来，我对研究抓得很紧，项目进展顺利。本书即是项目研究的阶段性成果。

我在写作博士论文和进行后续研究时，都自觉运用了导师汪毅夫教授提出的双翼结构理论。随着研究的深入，我越发感受到这一理论所具有的学术价值和普遍意义，深深服膺并努力阐释这一理论。事实上，不少走在闽台区域社会、闽台关系研究这条路上的后来者，都有这样的体会——只要方向正确，总能发现汪先生留下的足迹。博士毕业后，老师继续关心我的学术研究工作，时常垂询动态、惠寄资料。师恩天大，无以为报。我虽知这本小书不够完美，仍愿将其献给汪毅夫先生。回想在上海读研究生时，第一次收到老师的赠书，迄今已十二年。十二年来梦如花！我心底纵有千言万语、万语千言，最后就汇成一句话：我要读汪先生的书、听汪先生的话、永远做汪先生的好学生。所谓永远，就是有始有终。

2018 年 4 月，我被母校闽南师范大学遴选为闽南民俗文化与民间文艺专业硕士研究生导师。母校对我，可谓是扶上马、送一程、陪一路。人讲阮是师院的亲囝仔啊，没错！我时时刻刻感恩母校，立志要为她做更多的好事。

感谢陈支平教授和林国平教授，十余年来，鼓励提点。

感谢游小波教授和刘大可教授，指引方向，给我力量。

感谢吴仁华教授，七年来始终关注我的成长。

感谢李灿东教授。祖国医学博大精深，古来名医皆大儒，学科交融拓宽了我的学术视野；自学中医有益有趣，令我生活充实、身心健康。

感谢人生旅途中先后有幸相识的朱志明、钟发亮、刘宗贤、蔡方鹿、李霞、陈卫平、邱格屏、何善蒙、齐涛、袁勇麟等老师的教海；感谢建珉、小朱、童娟、珊珊、若侨、伟煜、盼盼、伟强、龚琳等好友的帮助。特别感谢老虎姐、欣卉、第华，八年一晃而过，时间见证了我们始于长安山的友谊。

感谢福建工程学院，特别是人文学院和福建省社会科学研究基地地方文献整理研究中心的同事，团结而有战斗力的集体，始终让我感到温暖。

感谢九州出版社李勇副社长、郭荣荣主任的关心支持与帮助，他们的热情和专业，使本书得以顺利出版。这是我在九州出版社出版的第二本书。从读者到作者，我对九州社有一种特别的情感。

回首来时路，要感谢的人实在太多，纸短情长，你们都在我心里，记得牢牢。未来路更长，我不是一个人在奋斗，我会继续努力。

庄恒恺

己亥年正月二十日于福州学府南路